GRACIEUSEMENT ÉTABLIS
PAR LE
BUREAU DE TOURISME MICHELIN

BRUXELLES - LILLE (106 km)

(Carte Michelin de Belgique: Feuille N°I, pli 19)

Sortir de BRUXELLES par la Chaussée de Mons.

(VI) du Plan du Guide et de la Carte Michelin.

PN et pont sur le canal dans Cureghem 2 km 5. Tram sur l'accotement gauche. Veeweide 4 km 5; PN de tram à l'entrée et à la sortie. On laisse à gauche, 1 km plus loin, le Château de Waasbroek. Après le pont sur le Zuen et un PN industriel, on laisse une route à gauche.

Zuen, à droite, 9 km 3. Loth 11 km 2. Coude à gauche puis à droite dans Brucom 13 km 2; peu après la sortie, laisser à gauche la route de Tourneppe.

Hal 16 km (Voir Plan du Guide Michelin); traverser la ville par la Chaussée de Bruxelles, à gauche les rues de Bruxelles, de la Boyenne, à gauche les rues Ste-Catherine, du Lundi, à droite la Rue Longue de la Chaussée, puis ne pas franchir la Senne mais tourner à droite dans la rue de Mons; à la sortie PN et fourche: à droite. Rondzocht 19 km 5. Saintes 22 km 5. Bierghes 23 km 6; 2 km 8 plus loin PN suivi d'un coude à droite; après 400 m limite du Hainaut.

Petit-Enghien 28 km. PN à 1800 m et coude à droite. Coude à gauche pour entrer dans:

Enghien 31 km; dans la traversée on laisse l'église à gauche; à la sortie après un PN de tram, fourche: à droite laissant sur la gauche la route de Soignies. Longue ligne droite. Cortembroek 32 km 7. Ghislenghien 43 km. Preuscamp 44 km 1. Meslin l'Evêque 45 km 2. Descente, puis PN, peu avant Lorotte 49 km 5, où la route présente un coude à gauche. Sortir d'

Ath 51 km, par la route de Leuze qui coupe à niveau la voie ferrée et tourne à gauche: longue ligne droite. Villers-St-Amand 54 km 8, PN et pont sur la Petite Dendre à la hauteur de Ligne 56 km 6 dont l'agglomération reste à droite. Dans:

Leuze 63 km, à 150 m d'un pont sur l'Herseau prendre à droite et à l'église tourner à gauche.

T. S. V. P.

Vous ferez préparer **gracieusement**
votre prochain voyage en auto,
en France ou à l'Étranger,
par le

Bureau de Tourisme
MICHELIN

99, Boulevard Pereire ⌀ Paris (XVIIᵉ)

Il vous suffira de lui faire connaître
(10 jours au moins avant votre départ)
les grandes lignes du voyage que vous désirez faire
et vous recevrez gratuitement
un Itinéraire détaillé
qui vous conduira par de bonnes
routes aux bons endroits.

(Voir le spécimen ci-contre.)

Vous trouverez dans le **Guide Routier Michelin** les hôtels,
leur confort et leurs prix, les mécaniciens, les curiosités, les
plans de ville, les distances, etc.

Les batailles de CHAMPAGNE

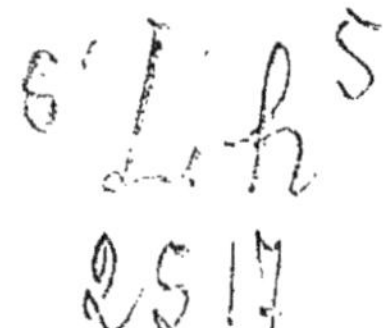

MICHELIN & Cie, PROPRIÉTAIRES-ÉDITEURS, CLERMONT-FERRAND

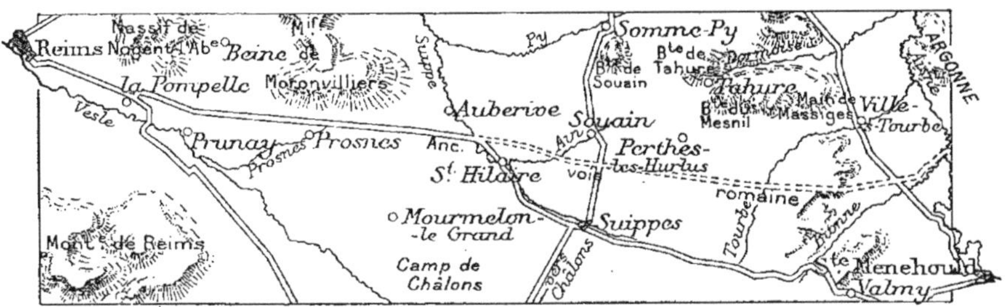

LES BATAILLES DE CHAMPAGNE

Aperçu géographique.

Le théâtre des opérations en Champagne, de Reims à l'Argonne, est constitué par une vaste plaine crayeuse, sèche, formée d'ondulations qui portent des bois, à forme géométrique, de sapins rabougris. C'est la Champagne pouilleuse.

Dans ces mornes étendues, quelques petits cours d'eau coulent les uns vers le nord-ouest : la Vesle, la Suippe, dans laquelle se jettent l'Ain et la Py ; les autres, la Tourbe, la Dormoise, coulant vers l'est, descendent dans la vallée supérieure de l'Aisne que borde le massif boisé de l'Argonne.

A l'ouest de la Suippe, la plaine est dominée par le massif de Nogent-l'Abbesse, puis par un chapelet de hauteurs, les monts de Champagne, formant le massif de Moronvilliers.

A l'est de la Suippe, la plaine mamelonnée, insensiblement, s'élève vers une crête nord-sud : la falaise de Champagne, festonnée sur son rebord oriental et qui descend rapidement dans la vallée de l'Aisne.

Les rares villages, aux maisons basses en torchis, couvertes de toits plats en tuiles, se groupent au bord des petites rivières.

Pays pauvre avant la guerre, mais que la bataille a rendu, en bien des endroits, stérile ; les travaux d'organisations, les bombardements ont retourné, à la surface du sol, la couche crayeuse.

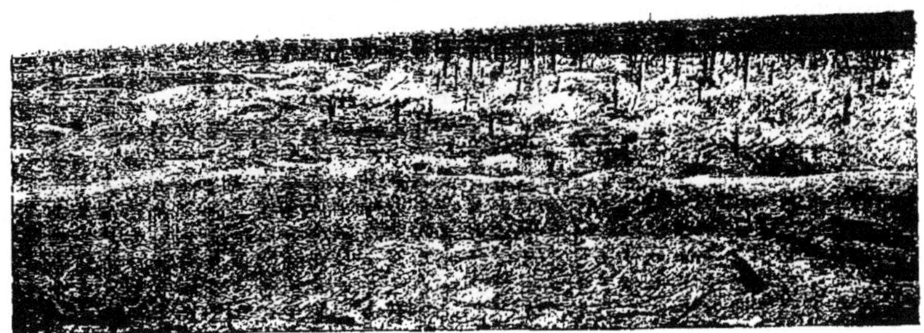

AU NORD-OUEST DE SOUAIN. — LA MORNE ÉTENDUE DE LA PLAINE DÉVASTÉE.

Aperçu historique.

Par sa situation sur les grandes routes de l'est vers l'ouest, du nord vers le sud, la Champagne fut un champ de bataille prédestiné.

C'est au nord de Châlons, au IIe siècle, que s'affrontèrent les Reimes, peuplade gauloise, et les cohortes romaines.

Latinisés, les Gallos-Romains eurent à y arrêter les invasions barbares. En 451, les hordes d'Attila traversèrent la Champagne, elles y refluèrent après leur échec devant Orléans et c'est dans les plaines voisines de Châlons-sur-Marne que la tradition place les « Champs catalauniques » où l'armée du Fléau de Dieu fut taillée en pièces par les peuples de la Gaule : Francs, Burgondes, Wisigoths, unis aux légions romaines.

Deux cents ans plus tard, la rivalité des rois de Neustrie et d'Austrasie provoqua de fréquents ravages entre Reims et Sainte-Menehould.

A partir de la fin de IXe siècle, des puissantes familles se développèrent aux dépens de l'autorité royale ; les grands seigneurs ecclésiastiques et laïques se partagèrent la Champagne. Thibault IV, qui soutint la reine Blanche de Castille contre des barons révoltés, en fut le comte le plus célèbre.

A l'avènement de Philippe le Bel, la Champagne fut réunie à la France.

Au cours de la guerre de cent Ans, la province livrée aux Anglais par les Bourguignons fut délivrée par Jeanne d'Arc.

De 1542 à 1544, les mercenaires de Charles-Quint ravagèrent le pays.

Sous les guerres de Religion, peu après, la région fut à nouveau le théâtre de nombreux pillages et meurtres.

En 1792, c'est à l'extrémité de la plaine Champenoise que les volontaires de l'armée de Dumouriez et de Kellermann arrêtèrent l'invasion prussienne et sauvèrent la révolution française, à Valmy.

En 1870, après la défaite de Sedan, les troupes prussiennes et allemandes tinrent garnison dans les principales villes champenoises.

Le département de la Marne dut subir, pendant de longs mois, les réquisitions et les vexations des vainqueurs.

LA BATAILLE DE VALMY.
(Gravure extraite du cours d'histoire de Lavisse.)

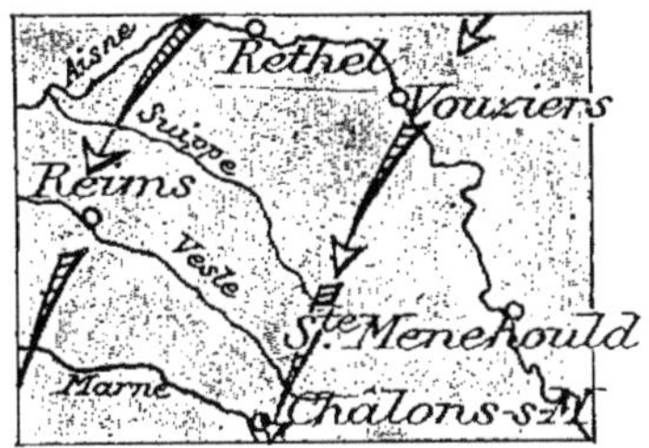

Août 1914. L'invasion ennemie.

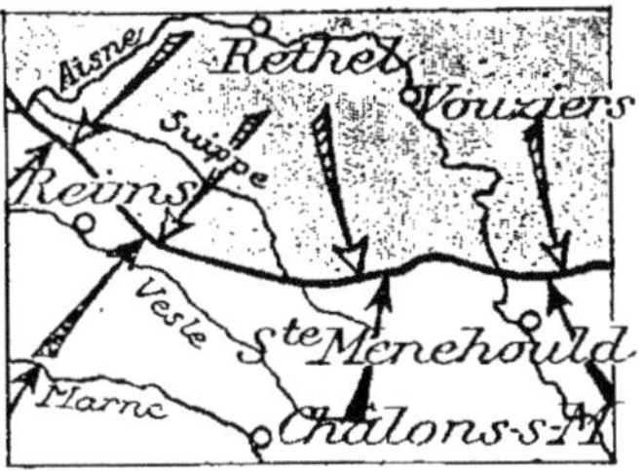

Sept. 1914. Le retour français.

1914-1915. La bataille d'hiver.

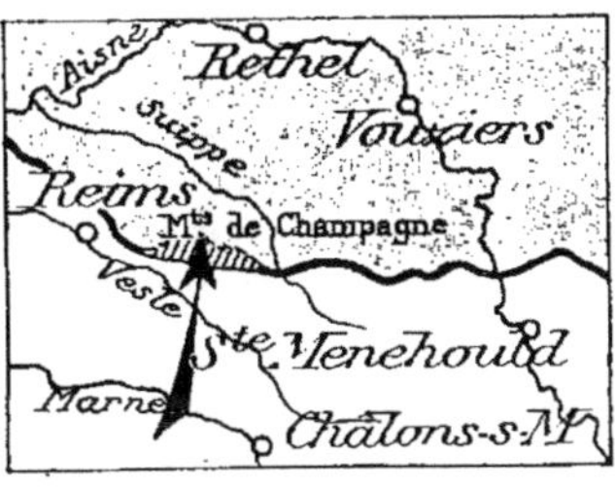

25 septembre 1915. Offensive française.

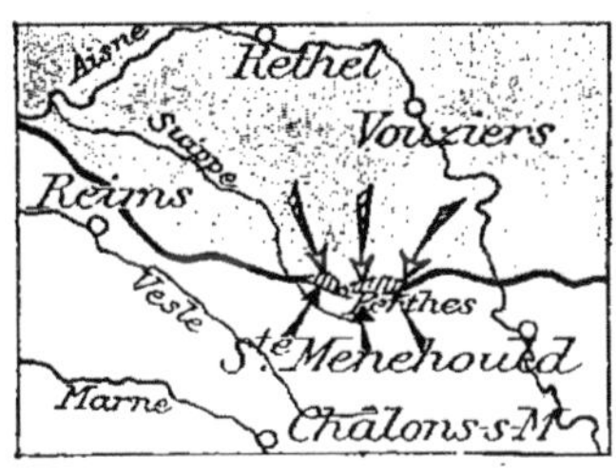

1916. Calme relatif.

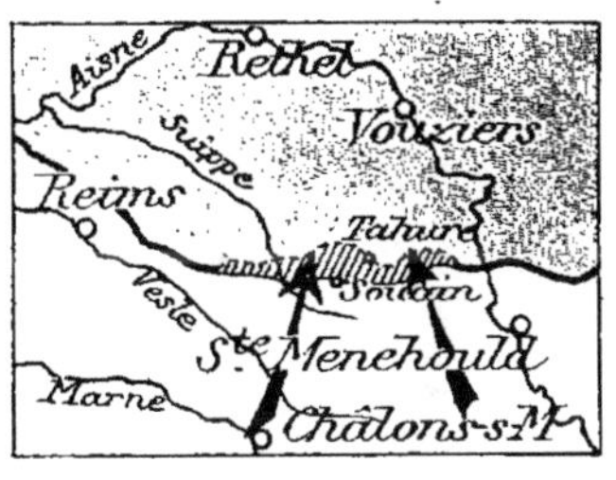

Avril-mai 1917. La bataille des Monts.

15 juillet 1918. L'offensive allemande.

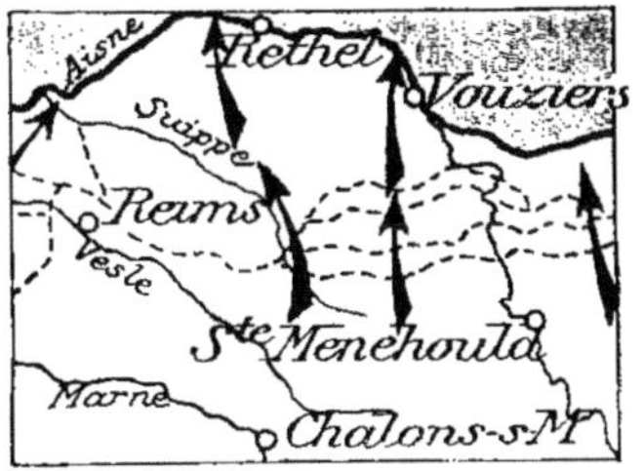

Septembre-octobre 1918. La libération.

ENSEMBLE DES BATAILLES DE CHAMPAGNE (1914-1918).

LA GUERRE EN CHAMPAGNE (1914-1918)

Après les batailles des frontières.

La Champagne est tout entière occupée par les Allemands, au début de septembre 1914, pendant la retraite stratégique de l'armée française. De l'ouest à l'est, les armées de Von Hausen, du duc de Wurtemberg et du Kronprinz impérial s'avancent en brûlant de nombreux villages, en pillant les maisons, en saccageant les usines et les manufactures.

Après la bataille de la Marne.

Défaites sur la Marne, les armées ennemies doivent battre en retraite, poursuivies, en Champagne, par les armées Franchet d'Espérey et de Langle de Cary. Au 15 septembre, l'armée Franchet d'Espérey s'arrête au pied des massifs qui couvrent Reims au nord-est, l'armée de Langle de Cary contre les crêtes et les buttes qui, dans la plaine, s'échelonnent entre ces massifs et l'Argonne. Profitant de la pénurie de munitions, l'ennemi s'accroche à cette ligne de positions naturelles, qu'il organise et fortifie rapidement. Le front français se fixe sensiblement le long de l'ancienne chaussée romaine qui court presque en droite ligne, de Reims à Vienne-la-Ville.

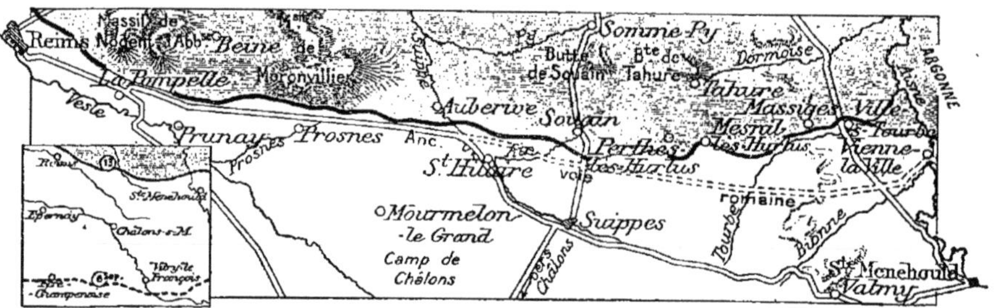

APRÈS LA BATAILLE DE LA MARNE. — RETRAITE ALLEMANDE. — FIXATION DU FRONT.

La guerre de positions.

La guerre de positions succède à la guerre de mouvement. Les armées se terrent et le champ de bataille devient désert en apparence.

Mieux préparés que les Français à cette nouvelle guerre, les Allemands ont d'abord la supériorité de l'organisation et du matériel. Leurs bataillons de pionniers édifient toute une série d'organisations défensives garnies, en première ligne, d'engins nouveaux, minenwerfer, lance-grenades.

Rapidement, les Français s'adaptent à cette guerre nouvelle; leur armement et leur outillage se transforment et, si ceux-ci restent longtemps inférieurs à ceux de l'ennemi, ils y suppléent par leur initiative et leur énergie.

Alors commence un duel continu à coups de bombes, de grenades et de mines, attaques répétées contre des réseaux de fils de fer qu'il faut couper avec des cisailles à main, sous le feu des mitrailleuses et des fusils et le jet des grenades, corps à corps fréquents autour des entonnoirs ouverts par l'explosion des mines.

Sans abris souterrains, presque au coude à coude dans la tranchée peu profonde, envahie par l'eau et la boue, l'hiver 1914-1915 est particulièrement pénible pour les combattants.

LA BATAILLE D'HIVER

Les deux adversaires installés au hasard d'engagements successifs cherchent à garder leur liaison intacte et à ne s'éloigner ni de Reims, ni de Verdun, objectifs importants. Le front de Champagne devient alors comme une immense courtine reliant ces deux bastions principaux.

Craignant que le moral des troupes françaises ne fût atteint par la monotonie et la durée de la guerre de tranchées, le Commandement français juge indispensable la reprise de l'offensive.

D'autre part, la nécessité de dégager le front russe, fortement pressé en Mazurie par l'armée d'Hindenburg, décide le général Joffre aux opérations actives sur le front de France.

En Champagne, où l'intention du Commandement français est d'atteindre la voie ferrée Challerange-Bazancourt afin de désorganiser l'arrière ennemi, vont se succéder de nombreuses attaques et contre-attaques adverses pour la possession d'un observatoire, d'un fortin, d'un élément de tranchées ou de boyaux. Opérations sommairement montées sans préparation massive d'artillerie, menées souvent par de petites unités.

Vers la fin de 1914, le front de Champagne est tenu par la 4e Armée (de Langle de Cary). De l'ouest à l'est : 12e corps (Roques), 60e division de réserve (Réveilhac), 17e corps (J.-B. Dumas), corps colonial (Lefebvre), 2e corps (Gérard). Le 1er corps arrivera en réserve.

Parmi la multiplicité des combats, voici les principales opérations de septembre 1914 à avril 1915 :

Du 18 au 21 septembre, les villages de Souain et de Massiges sont enlevés. De septembre à décembre, plusieurs contre-attaques allemandes sont repoussées et les Français progressent autour de ces deux villages.

A partir du 21 décembre 1914, une série d'attaques procure des gains appréciables dans la région de Prosnes, de Perthes et de Beauséjour, notamment les importantes positions fortifiées de la Cote 200, à l'ouest de Perthes, la ferme et le fortin de Beauséjour, à l'est du même village. Du 22 au 26, l'ennemi contre-attaque chaque jour, plusieurs fois par jour même, sans succès et échoue dans une offensive contre Ville-sur-Tourbe.

Dans la première quinzaine de janvier 1915, une nouvelle série d'opérations avance la ligne de 2 kilomètres environ dans la région de Perthes ; après plus de 20 contre-attaques, les Allemands ne peuvent reprendre ni la Cote 200, ni le fortin de Beauséjour et le village de Perthes.

En février, la lutte continue très violente dans les secteurs de Souain, de Perthes, de Beauséjour et Massiges ; les Allemands multiplient les contre-attaques jusqu'à 5 en une journée, sans pouvoir réoccuper leurs premières lignes, enlevées le 16, sur une longueur de 3 kilomètres, au nord de Beauséjour et du Mesnil.

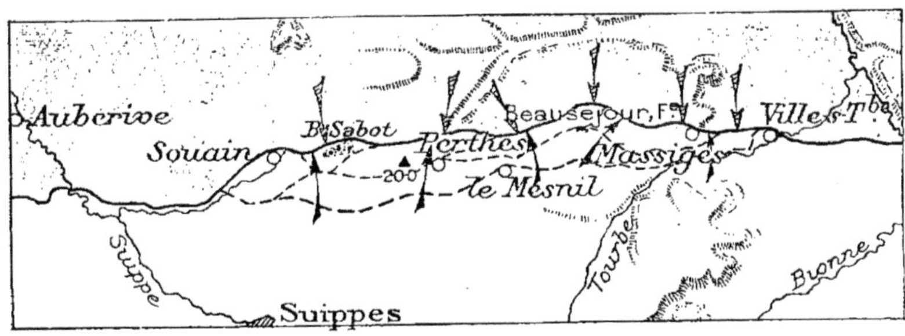

La bataille de l'hiver 1914-1915 en Champagne.

Au nord-est de Souain, ce qui reste du bois Sabot.

Dans ce secteur s'illustrent, au fortin de Beauséjour, les régiments du 1er corps colonial (Gouraud). *Voir page* 58. C'est au cours de ces combats acharnés qu'est poussé le cri sublime : « Debout les morts ! »

Dans la première quinzaine de mars, après une lutte âpre, le bois Sabot est enlevé.

A partir d'avril, les attaques se font moins fréquentes de part et d'autre, les positions s'aménagent, se compliquent, se renforcent de redoutes, de fortins, de défenses accessoires, qui rendent les attaques plus coûteuses et plus incertaines. Pourtant, au nord de Beauséjour, les Allemands s'obstinent. D'avril à la mi-juin, ils attaquent là par cinq fois, sans résultat. Au nord-ouest de Ville-sur-Tourbe, ils essuient un gros échec en mai. Dans la nuit du 15 au 16, après avoir fait sauter une mine en arrière de la première ligne française, ils lancent 8 compagnies et prennent pied dans un saillant ; par une contre-attaque immédiate, une partie du terrain perdu est repris ; le lendemain 16, une nouvelle contre-attaque très brillante rend aux Français leur ancienne ligne en entier avec 300 prisonniers.

Au cours des combats de septembre 1914 à mai 1915, les Français ont progressé de 2 à 3 kilomètres en profondeur, sur un front de 7 kilomètres et conquis une ligne de hauteurs susceptible d'être une base favorable pour des opérations ultérieures. Enfin cette activité incessante sur ce front y a fixé de nombreux bataillons que l'ennemi n'a pu transporter sur le front oriental.

Au nord de Mesnil-les-Hurlus, un trou de mine organisé.

Général de Langle de Cary.

OFFENSIVE FRANÇAISE
DU 25 SEPTEMBRE 1915

Après un an de guerre de positions, en dépit de violents combats locaux, on s'était « grignoté », suivant le mot du général Joffre, quelques lambeaux de terrain, en se tuant des milliers d'hommes. D'un côté comme de l'autre, le front n'avait été ni gravement entamé, ni rompu. Déjà, beaucoup parlaient de l'inviolabilité des fronts. L'offensive française du 25 septembre, avec l'offensive d'Artois du même temps, fut la première grande tentative de rupture.

Le terrain de l'attaque. — Le front d'attaque s'étendait du cours supérieur de la Suippe à la haute vallée de l'Aisne, d'Aubérive-sur-Suippe à Ville-sur-Tourbe, sur 27 kilomètres, à travers les déserts de craie et la longue succession des houles blanches.

Aucun grand obstacle naturel n'existant, les Allemands avaient fortifié particulièrement ce terrain.

En septembre 1915, d'Aubérive à la Main de Massiges, le front allemand se présentait comme une alternance de gros centres fortifiés, reliés par des courtines plus faibles. D'ouest en est, c'étaient l'ouvrage de l'épine de Vedremange; la cuvette de Souain; les bois du Trou Bricot; la butte du Mesnil; la Main de Massiges. Ces deux derniers ouvrages étaient particulièrement redoutables.

Instruit par l'expérience du 9 mai 1915, en Artois, où il comprit que sa première position n'était pas invulnérable, l'ennemi en construisit une seconde à 3 kilomètres en arrière et, par un nouveau procédé, cette seconde position fut établie derrière des crêtes à contre-pente. C'est la fameuse ligne des buttes; avec ses réseaux cachés sous bois ou à ras de terre, elle englobait la butte de Souain, celle de l'arbre 193, la butte de Tahure.

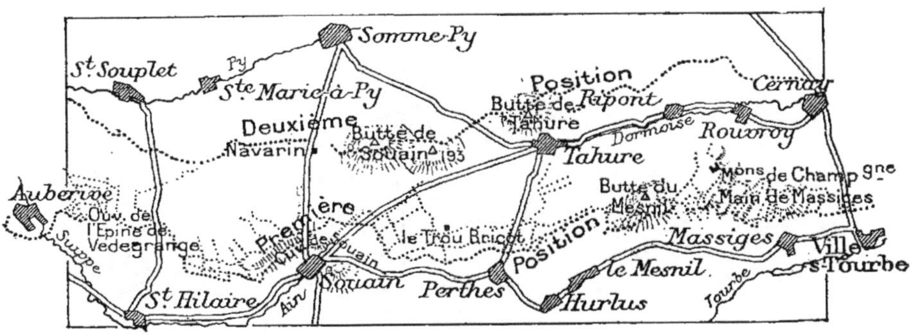

Les organisations ennemies avant l'offensive française du 25 septembre 1915.

AU NORD-EST DE SOUAIN,
PRÈS DES
SOURCES DE LA AIN.
*La place d'armes édifiée
par les troupes
du général Marchand
et dite « Place de l'Opéra ».*

DANS LA PLACE CI-DESSUS,
LE « CAFÉ DE LA PAIX »
(SEPTEMBRE 1915).

L'équipement du front.

La préparation de l'offensive impliqua d'immenses travaux préalables. Sur tout le front, la ligne de départ d'attaque est portée à distance d'assaut. 300 mètres. On doit gagner de nuit, à l'ouest de Souain, plus d'un kilomètre. Les boyaux de communication sont élargis et multipliés. Des places d'armes en vue du rassemblement des troupes d'assaut sont créées. L'une d'elles. appelée la place de l'Opéra, est édifiée avec plus de 20.000 sacs à terre.

Les routes, les voies ferrées d'accès sont aménagées. Enfin, de nombreux emplacements de batteries sont répartis le long du front d'attaque.

LE LONG D'UNE VOIE DE 0^m60, DÉCHARGEMENT DE MATÉRIEL : MADRIERS, TOLES, ET DE MUNITIONS : TORPILLES, APPORTÉS PAR UN « DECAUVILLE ».

La préparation d'artillerie.

Pour réduire les obstacles, le Commandement français avait concentré une artillerie imposante pour l'époque ; la bataille de Champagne marque les progrès réalisés dans l'artillerie depuis un an, et le rôle de plus en plus intensif que jouera cette artillerie jusqu'à la fin de la guerre. C'est surtout l'artillerie lourde dont le nombre et la variété augmenteront. En septembre 1915, sur le double front de Champagne et d'Artois, 1.100 pièces lourdes avaient été rassemblées, alors que, pendant tout l'hiver, le front seul de Champagne n'avait disposé que d'une centaine de ces pièces. La bataille de Champagne marque encore le premier emploi en grand, contre les défenses accessoires, de l'artillerie de tranchées, au début de sa constitution.

La préparation d'artillerie commence le 22 septembre et dure trois jours ; son intensité, de l'aveu des Allemands, dépasse de beaucoup toutes les préparations antérieures.

Pendant que les pièces à longue portée bombardent, en arrière du front ennemi, les cantonnements, les gares, les dépôts de munitions et de ravitaillement, les routes et les voies ferrées, les pièces de 75 et les canons de tranchées détruisent les premières lignes ennemies et leurs défenses. Certaines des pièces de campagne tirèrent jusqu'à 1.000 coups par jour. D'autre part, l'aviation de bombardement, à ses débuts, exécute de nombreux raids sur Vouziers, Challerange et les gares de l'arrière ennemi. Les fantassins virent même, pour la première fois, passer au-dessus de leurs têtes toute une escadrille de 24 avions de chasse, groupés en ordre de bataille.

Les effets matériels du tir ne sont pas partout aussi efficaces, mais sur beaucoup de points, ils sont terrifiants ; retranchements nivelés, défenses arrachées, abris crevés. Beaucoup de défenseurs, réfugiés dans leurs abris, y sont emmurés ou écrasés, certaines unités, coupées de tous ravitaillements, après avoir épuisé leurs vivres de réserve, restent quarante-huit heures sans manger ; ce bombardement, ce « trommelfeuer », eut aussi un gros effet moral, des unités énervées et déprimées se firent prendre, sans combattre.

A L'OUEST DE SOUAIN. — TRANCHÉES ET RÉSEAUX ALLEMANDS DÉTRUITS PAR LA PRÉPARATION D'ARTILLERIE FRANÇAISE (SEPTEMBRE 1915).

La distribution des premiers casques (septembre 1915).

L'assaut.

Le 25 septembre, l'ennemi est en partie surpris. Il s'attend bien à l'offensive française ; le 15 août, le général Von Ditfurth écrit : « Il faut s'attendre à la possibilité d'une grande offensive française » ; le 22 septembre, le général Von Fleck déclare : « Le Commandement français paraît vouloir recommencer en Champagne un nouvel effort désespéré. » Toutefois, l'ennemi n'a pas prévu l'ampleur de l'offensive et pendant la préparation d'artillerie, il renforce seulement son front de 29 bataillons. L'attaque le désempare, il appelle en hâte et met en ligne le Xe corps qui, revenu de Russie, est au repos en arrière du front, et de nombreux bataillons prélevés sur les secteurs calmes de Soissons, de l'Argonne, de la Woëvre et de l'Alsace. Pressé par la nécessité, il engagera souvent les unités au fur et à mesure de leur arrivée. Le 2 octobre, l'ennemi aura 32 bataillons appartenant à 21 régiments différents. Le désarroi de l'ennemi et l'engagement précipité de ses réserves multiplieront ses pertes. Du côté français, sous la direction supérieure du général de Castelnau, commandant le groupe des armées du centre, la 2e Armée (général Pétain) doit attaquer en liaison à gauche avec la droite de la 4e Armée (de Langle de Cary); 35 divisions prennent part à l'offensive.

Ces troupes, concentrées dans les places d'armes, attendent avec confiance l'heure de l'assaut ; on leur a distribué des grenades nouvelles et elles ont remplacé le képi par le nouveau casque ou bourguignotte. Le général Joffre, dans son ordre du jour du 23 septembre, les a exhortées « à y aller de plein cœur pour la délivrance du sol de la Patrie, pour le triomphe du droit et de la liberté », il a ajouté : « Derrière un ouragan de fer et de feu, vous irez à l'assaut tous ensemble, sur tout le front en étroite union avec les

Le général de Castelnau.

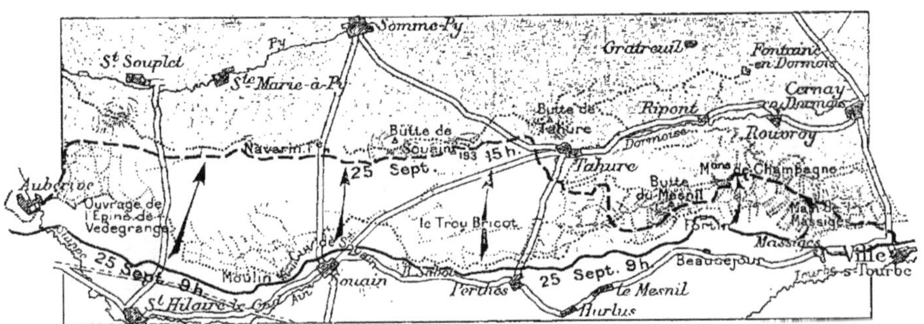

L'OFFENSIVE FRANÇAISE DU 25 SEPTEMBRE 1915.

armées de nos Alliés. » Derrière la ligne de feu, des corps de cavalerie sont massés, prêts à se jeter dans la trouée qui se produira.

La disposition du front ennemi comprenant une succession de centres de résistance amène les Français à adopter la tactique suivante : saisir la lisière sud des centres de résistance, et, à la fois, progresser dans les intervalles, afin de les attaquer de flanc et au besoin les cerner.

Le 25 au matin, en dépit du ciel couvert, en dépit de la pluie qui commence à tomber à 9 heures, le signal de l'assaut est donné à 9 h. 15.

Pendant que les musiques jouent la *Marseillaise*, que les clairons et les tambours sonnent et battent la charge, les assaillants se jettent si vite sur la première ligne allemande que de nombreux groupes ennemis y sont pris avant d'avoir pu sortir de leurs abris. Malgré le sol détrempé et la résistance des Allemands, qui, d'heure en heure, s'organise, les vagues d'assaut poussent en avant. A l'aile gauche, elles sont retardées par l'accumulation des défenses, à l'Epine de Vedegrange.

Sur les rebords boisés de la cuvette de Souain, l'avance est particulièrement rapide; 3 attaques divergentes sont dirigées à la fois. A l'ouest de Souain, partant du moulin, les assaillants progressent de 2 km. 500. A droite, des contingents savoyards et dauphinois du 14e corps dépassent, à midi, la route Souain-Tahure, parviennent sur les pentes de la Cote 193, après 4 kilomètres de progression.

Plus à l'est, les Allemands résistent sur la butte du Mesnil devant le 20e corps, mais les assaillants parviennent jusqu'à Maisons de Champagne. Enfin, dans la partie orientale du champ de bataille, l'infanterie coloniale du 1er corps s'empare de la plus grande partie de la Main de Massiges.

BATTERIES DE 75, ALIGNÉES EN PLEIN « BLED », TIRANT SUR LA BUTTE DE SOUAIN.

AU NORD DE SOMME-BIONNE. — TROUPES RELEVÉES, AU BIVOUAC DANS LES BOIS.

Continuation de l'offensive.

Au soir du 25 septembre, malgré quelques retards dans la progression, sur certains points, l'avance réalisée était satisfaisante, mais la ligne atteinte, très sinueuse, comportait de nombreuses poches et des saillants ; certaines des unités d'attaque faisaient face à l'ouest, d'autres, face à l'est.

Les 26, 27 et 28 septembre, les troupes rectifient le front. Entre Aubérive et Souain, elles avancent par bonds en creusant des tranchées ; après une lutte difficile, elles occupent l'Epine de Vedegrange. Au nord de Souain et de Perthes, elles établissent un front face au nord sur 12 kilomètres, au contact de la deuxième position allemande, et se relient avec les garnisons de la Cote 193, après avoir arraché pied à pied plusieurs lignes de tranchées, des bois fortement organisés, capturé des batteries d'artillerie, des dépôts de munitions et de matériel. L'artillerie d'attaque, suivant le mouvement, franchit sur des ponts les tranchées conquises et prend position en rase campagne. Au nord du bois Sabot, les bois du Trou Bricot où s'étaient maintenus les Allemands sont encerclés ; 2.000 prisonniers y sont capturés. Au nord de la Cote 193, sur la route de Tahure à Somme-Py, le sommet de la Cote 201 qui commande la deuxième ligne allemande est atteint. Sur la main de Massiges, les coloniaux avancent à la grenade, encerclant les îlots de résistance, capturent près d'un millier de prisonniers, prenant 2 canons de 77 et leurs munitions, des milliers de grenades, aussitôt utilisées contre l'ennemi. Ces troupes gardent leur conquête en dépit des contre-attaques allemandes.

Le 27 au soir, sur presque tout le front d'attaque, les Français sont devant la deuxième position allemande, de la Ferme Navarin à la Butte de Tahure par la Butte de Souain, et de Tahure à Cernay au nord de la Dormoise. Plusieurs assauts contre la Butte de Souain et Tahure échouent.

Les Allemands. solidement retranchés, revenus de leur surprise et disposant de forces puissantes, opposent une résistance efficace sur leurs deuxièmes positions dont les réseaux invisibles à contre-pente n'ont pu être détruits par l'artillerie.

L'offensive proprement dite est terminée, elle n'a pas obtenu la rupture espérée du front allemand, elle a emporté des centres de résistance réputés inviolables. Le général Joffre en signale les brillants résultats, dans son ordre du jour à l'Armée de Champagne : « 25.000 prisonniers, 350 officiers, 150 canons, un matériel qu'on n'a pu encore dénombrer sont, disait-il, les trophées d'une victoire, dont le retentissement en Europe a donné la mesure... »

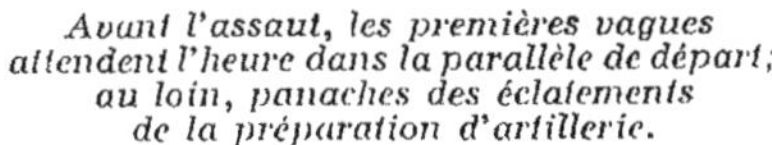

Avant l'assaut, les premières vagues
attendent l'heure dans la parallèle de départ;
au loin, panaches des éclatements
de la préparation d'artillerie.

La première
vague est sortie.
Elle vient
d'arriver dans
la première
tranchée
ennemie d'où
elle va repartir
vers un nouvel
objectif.

Des équipes de
nettoyeurs
de tranchée
suivent
les premières
vagues.

Les renforts,
disséminés
dans le « bled »,
en petites co-
lonnes, suivent
la progression.
Au premier
plan, quelques
assaillants de
la première
vague atteints
par une rafale
de mitrailleuse.

La progression continue. Quelques petites colonnes arrê-tées, s'accrou-pissent. Les chefs vérifient la direction.

Les colonnes des troupes de réserve montent vers les lignes. Des hommes portent des échelles de franchissement. Des prisonniers descendent vers l'arrière.

Un escadron de goumiers, traversant les premières lignes conquises, s'apprête à intervenir.

Photos prises dans le secteur d'attaque de la division coloniale Marchand (secteur de la cuvette de Souain).

D'octobre 1915 à avril 1917.

L'offensive de septembre 1915 n'avait pas atteint partout les objectifs désignés. Accrochés à des pentes dénudées, dans des tranchées hâtivement creusées au contact de l'ennemi, pris sous des feux de flanquement de positions dominantes, les Français sont souvent dans des conditions difficiles. Pour améliorer leur situation, différentes attaques locales sont lancées, en octobre, sur le plateau de Massiges et contre Tahure.

Cette fois l'ennemi n'est pas surpris ; partout il a renforcé son front, construit de nouvelles lignes ; il tient solidement sa deuxième ligne au sud de la Py et il travaille à l'organisation d'une nouvelle position de repli sur les hauteurs, au nord de cette rivière.

Sur la Main de Massiges et devant Ville-sur-Tourbe, jusqu'au 6 octobre, se livre une bataille continuelle, où grenades et 75 jouent le principal rôle.

Le 7 octobre, les pentes sud de la butte de Tahure, puissamment renforcées, et le village de Tahure sont pris d'assaut ; cette conquête rapproche les Français de la voie ferrée Bazancourt-Challerange, la grande artère du ravitaillement allemand.

Le 8, au nord de Mesnil, la Mamelle sud sur laquelle est le formidable ouvrage du Trapèze, formant saillant, tombe à son tour.

Le 24, la forteresse de la Courtine, qui avait résisté, en avant de la deuxième position allemande, est enlevée de vive force à la grenade et conservée malgré une contre-attaque immédiate des Allemands.

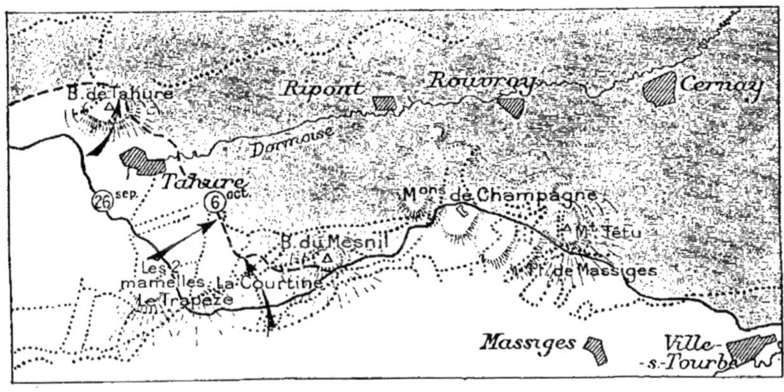

APRÈS L'OFFENSIVE DE SEPTEMBRE. — LES FRANÇAIS COMPLÈTENT LEURS SUCCÈS.

Pour réparer leurs échecs, les Allemands prononcent, avec des effectifs importants, plusieurs offensives. A trois reprises, après avoir lancé d'épaisses nappes de gaz asphyxiants, ils attaquent à l'est de Reims : le 19 octobre, entre la Pompelle et Prosnes ; le 21, près de Prunay ; le 26, au nord de Prosnes. Mal protégés encore contre les gaz, les Français sont assez éprouvés, mais leur feu rejette l'ennemi. Celui-ci subit de lourdes pertes ; le 21 octobre, sur un front de 1 kilomètre, on relève 1.600 cadavres allemands, tout un bataillon du 137e d'infanterie prussienne est anéanti.

Les 30 et 31 octobre, après un long et intense bombardement sur un front de 8 kilomètres, de l'arbre de la Cote 193, par la butte, le village de Tahure jusqu'à la Courtine, les Allemands lancent par deux fois de grosses masses d'infanterie, pour la plupart ramenées du front russe. La lutte est dure ; si le sommet de la butte de Tahure et quelques tranchées au nord de Massiges sont perdues, les Français se maintiennent partout ailleurs.

Les 9 et 10 janvier 1916, une attaque allemande de forte envergure, menée par trois divisions, essaye d'enlever la ligne française entre La Courtine et le Mont Têtu.

Quatre fois, de jour et de nuit, les Allemands renouvellent leur assaut. Les 10 et 11, ils sont repoussés des quelques tranchées où ils ont pu prendre pied.

Des deux côtés, les adversaires, instruits par les leçons de la bataille de Champagne, s'appliquent à renforcer leur artillerie lourde, à développer leur artillerie de tranchées, à approfondir les abris souterrains, à bétonner les tranchées, à aménager des lignes successives de positions avec des réduits et des centres de résistance intermédiaires. Sous l'impulsion du général Gouraud, les troupes de la 4e Armée française, pendant tout l'hiver et tout le printemps de 1916, au prix d'un travail de jour et de nuit incessant, aménagent leurs lignes et font du secteur un des plus solides du front occidental.

Dans l'ensemble, le front de Champagne devient relativement calme en 1916. Absorbés par la bataille de Verdun, les adversaires restent en Champagne, sur la défensive ; de part et d'autre, les relèves des troupes en secteur y sont fréquentes : beaucoup de régiments y sont prélevés pour alimenter la coûteuse bataille de Verdun, d'autres y viennent pour se reconstituer et se reposer.

Au début de 1917, les Allemands, inquiets de l'offensive alliée en préparation, multiplient les coups de main ou les attaques en Champagne, soit pour surprendre les desseins, soit pour immobiliser les troupes françaises loin du théâtre supposé de l'offensive.

En février et mars, les attaques et contre-attaques, de part et d'autre, sont presque incessantes entre la butte du Mesnil et Maisons-de-Champagne.

LES BOYAUX DU SECTEUR DE TAHURE.

Dans les lignes françaises.   *Chez ceux d'en face.*

Un abri au sud de Prosnes.
*Couches successives
de sacs à terre,
de plaques de ciment
et de rondins.*

—

Une relève au bois Sabot.

—

Crapouillot (canon de 58)
en première ligne.

—

La soupe dans la tranchée.   La corvée de « pinard ».

La vie en secteur et au cantonnement.

CABANES
EN BRANCHES
DE SAPINS.

HUTTES BATIES
EN TORCHIS
ET BRANCHAGES.

*Les rares villages
champenois
étant insuffisants
pour le cantonnement
des troupes,
celles-ci vont au repos
dans des baraquements
édifiés au milieu
des bois de sapins.*

*Dans un village de grand repos (bord de la
Marne) distribution de la soupe et du pinard.
Le départ des premiers permissionnaires.*

LA BATAILLE DES MONTS DE CHAMPAGNE

17 avril - 20 mai 1917.

Cette bataille se rattache à l'offensive franco-britannique menée au mois d'avril 1917, par l'armée britannique sur la Scarpe et par l'armée française sur l'Aisne. Elle avait un double but :

Enlever à l'ennemi un excellent observatoire sur les plaines de Mourmelon et du camp de Châlons, en même temps qu'une base de départ pour une offensive éventuelle sur Châlons.

Découvrir la vallée de la Suippe et les positions allemandes des massifs de Nogent-l'Abbesse et de Berru, qui tenaient Reims sous leurs canons.

Les Monts de Champagne, compris entre la Vesle et la Suippe, dominent d'un côté la plaine de Reims, de l'autre la Champagne pouilleuse. Les Monts de Champagne formant le massif de Moronvilliers sont un chapelet de huit sommets aux formes arrondies, jadis couverts de bois, de prés et de landes, aujourd'hui bouleversés par les obus, et dont la crête est complètement blanche *(Photos ci-dessous.)*

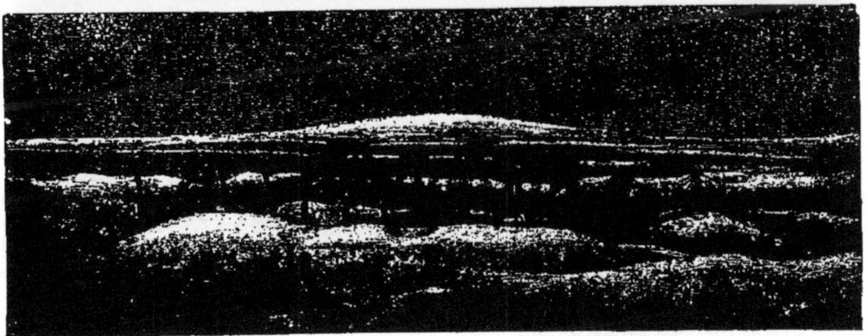

LE CORNILLET AVANT ET APRÈS L'OFFENSIVE D'AVRIL 1917.

Depuis septembre 1914, les Allemands n'avaient pas cessé de renforcer cette forteresse naturelle. L'organisation du terrain comportait quatre lignes successives de positions : la première, enchevêtrement de plusieurs tranchées parallèles et de boyaux d'accès, coupés d'abris bétonnés, de fortins, de redoutes précédés d'une nappe de fils barbelés, courait à une distance variant de 50 à 500 mètres des tranchées françaises ; la deuxième était établie à mi-pente. Une troisième ligne occupait presque le sommet des versants sud.

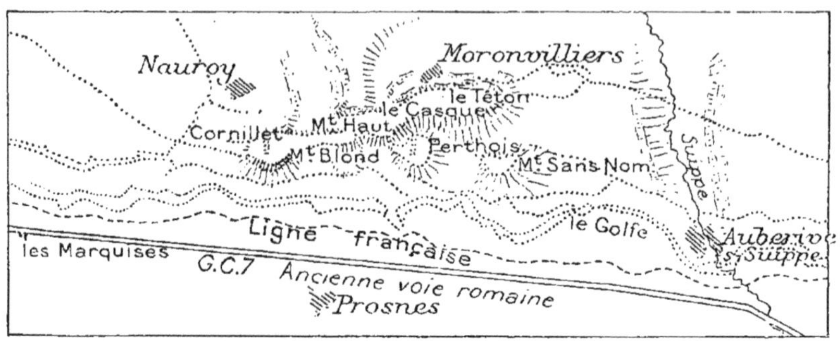

LES LIGNES ALLEMANDES DANS LE SECTEUR DES « MONTS » EN AVRIL 1917.

A contre-pente aussi, deux tunnels à plusieurs entrées avaient été creusés, l'un au Cornillet, l'autre au Mont Perthois ; ces tunnels, profonds, capables d'abriter plusieurs bataillons, étaient une base excellente pour déclencher et alimenter d'immédiates contre-attaques sur les assaillants qui auraient pu enlever les premières lignes. Entre le Mont sans Nom et Aubérive, la dépression, dénommée le « Golfe », avait été hérissée de réduits, de blockhaus et sillonnée de tranchées qui en faisaient un labyrinthe redoutable. L'ensemble de la position était une forteresse formidable, aux flancs raides, que l'assaillant ne pouvait aborder que par un glacis découvert, battu de partout. Elle pouvait passer pour imprenable. Cette opération hardie fut préparée longuement et patiemment, comme un siège, par le général Pétain, alors commandant du Groupe des Armées du Centre, et exécutée par le général Anthoine, commandant la 4e Armée, pendant l'absence du général Gouraud, au Maroc. Des offensives du printemps 1917, elle fut la plus réussie et la moins coûteuse.

UN BLOCKHAUS SUR LES PENTES NORD DU MONT HAUT.

Avril 1917. La préparation d'artillerie sur les pentes sud du Cornillet.
Un blockhaus détruit.

Equipement du champ de bataille et préparation d'artillerie.

Le réseau ferré et routier indispensable pour le transport des renforts, des relèves, des munitions et des ravitaillements de toutes sortes est complété ; des dépôts de munitions sont constitués en arrière du front. Dans les lignes, des abris, des P. C., des parallèles de départ sont creusés, des emplacements de batteries aménagés, des batteries mises en position.

Tout cet équipement du terrain d'attaque est si minutieusement étudié, si rapidement réalisé sous les yeux de l'ennemi, que celui-ci est trompé. Une partie du Commandement allemand ne crut pas à l'attaque à l'est de Reims.

La préparation d'artillerie débuta le 10 avril. On avait d'abord prévu qu'elle durerait cinq jours, mais le mauvais temps ayant retardé l'attaque sur l'Aisne de deux jours, et l'attaque de Champagne devant suivre la première à un jour d'intervalle, celle-ci ne se déclencha que le 17.

Le bombardement dura donc sept jours. Il ne réalisa pas partout les destructions souhaitées, notamment sur la deuxième position allemande, et sur plusieurs tranchées et réduits du Cornillet, du Mont Blond et du Mont Haut. Sur les 200 à 250 batteries ennemies repérées, on ne put suivre les tirs de destruction que sur 120 ; mais étant donné la position de certaines lignes à contre-pente et le mauvais temps qui gêna l'observation, les résultats obtenus furent très satisfaisants.

Le 17, le front allemand, entre la route de Nauroy et Aubérive, était tenu par quatre divisions à trois régiments. Dès le début de la bataille, quatre autres divisions au moins seront mises en ligne. Plus de 200 batteries appuieront ces huit divisions.

L'ordre de bataille français comportait deux groupements. Le groupement Hély d'Oissel : division Le Gallais, division de Lobit, a pour objectifs le bois de la Grille, le Mont Blond et le Cornillet. Le groupement J.-B. Dumas : division Naulin, division Eon, division Degoutte (division marocaine) et une partie de la division Mordacq a pour objectifs : le Mont Haut, le Casque et le Téton, le Mont sans Nom, le Golfe et Aubérive.

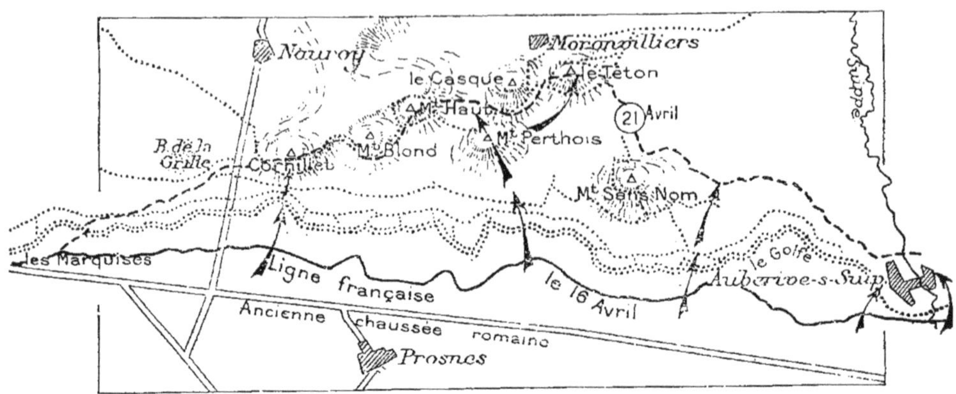

L'OFFENSIVE FRANÇAISE D'AVRIL 1917 SUR LES MONTS.

L'assaut.

A 4 h. 45 du matin, sous des rafales de pluie et de neige fondue, par une nuit noire, les troupes d'assaut se jettent sur les positions ennemies. A l'ouest, elles enlèvent les crêtes du Cornillet et du Mont Blond, mais se buttent contre une partie de la deuxième position, où des nids de mitrailleuses sont restés intacts, et reperdent la crête du Cornillet. A l'est, elles prennent le Mont sans Nom, mais s'arrêtent devant les souterrains de la deuxième position. A l'extrême-droite, elles progressent dans le Golfe.

Le 18, elles consolident leurs gains, atteignent la crête du Mont Haut et continuent l'encerclement d'Aubérive.

GÉNÉRAL PÉTAIN.

Le 19, pendant que de brutales contre-attaques ennemies échouent contre les conquêtes du bois de la Grille, du Mont Blond et du Cornillet, le Téton et Aubérive sont emportés.

Le 20, après trois contre-attaques ennemies, et toute une nuit de combats, le sommet du Téton, perdu au matin, est repris le Casque est emporté.

Le 22, une puissante contre-attaque allemande reprend les deux crêtes du Mont Haut, dont une retombe bientôt aux Français. A cette date, l'ennemi est privé de tous ses observatoires directs sur la plaine de Châlons, 5.000 prisonniers, 50 canons, 103 mitrailleuses et 42 minenwerfer sont capturés. Toutefois, les conquêtes restent précaires, le bois de la Grille, les crêtes du Mont Blond et du Casque ont résisté, les tunnels du Cornillet et du Perthois sont intacts et favorisent les contre-attaques ; Aubérive est insuffisamment dégagé.

GÉNÉRAL ANTHOINE.

Elargissement et consolidation des conquêtes.
30 avril - 20 mai 1917.

Pour parachever, élargir et consolider la conquête des Monts, il faudra
encore un mois de combats difficiles et une série d'opérations locales. L'ennemi, dont l'infanterie et les mitrailleurs ont montré une ténacité et un
mordant remarquables, resserre son dispositif en profondeur et accumule
toutes ses mitrailleuses en première ligne ; à l'ouest, le groupement Hély
d'Oissel est relevé par les divisions Hennoque et Trouchaud, du groupement
Vandenbergh; à l'est, dans le groupement J.-B. Dumas, la division Riber-
pray relève la division marocaine, et la division Brûlart relève la division
Naulin.

Attaque du 30 avril.

Les tirs de pilonnage et de destruction reprennent le 28. Le 30, les divisions Hennoque, Trouchaud, Brûlart s'élancent de la ferme des Marquises
au Téton. Au bois de la Grille, une lutte terrible durera jusqu'au 2 mai.

Au Cornillet, quelques éléments dépassent la crête du Mont, mais de
constantes contre-attaques sorties du tunnel les refoulent sur le versant
sud ; les pentes nord du Mont Blond ne peuvent être atteintes.

Sur la droite, la crête du Mont Haut est franchie, le tunnel du Perthois
débordé, sa garnison ne capitulera que le 2 mai ; le bois du Casque est emporté. En dépit de trois contre-attaques violentes, les gains (observatoires
du Casque et du petit Mont Haut) sont maintenus; 600 prisonniers appartenant à quatre des meilleurs régiments allemands sont capturés.

Attaque du 4 mai.

Le 4 mai, la préparation d'artillerie est reprise sur le Cornillet et le Mont
Blond ; les pièces lourdes ont pour objectif le tunnel du Cornillet, la clef
de la position. A 17 h. 30, l'attaque se déclenche. Au Cornillet, les fantassins
progressent sur les pentes ouest, mais malheureusement le tunnel est intact
et sa garnison fournit sur-le-champ des contre-attaques qui arrêtent toute
progression. Au Mont Blond, par contre, la crête est franchie, la deuxième
ligne allemande enlevée.

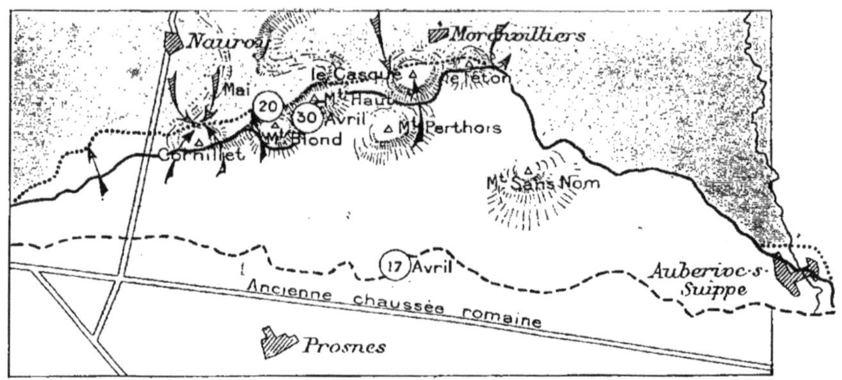

Élargissement et consolidation des conquêtes (avril-mai 1917).

Attaque du 20 mai.

La conquête ne sera ni complète, ni sûre, tant que le Cornillet ne sera pas entièrement conquis et le Cornillet ne pourra être pris tant que l'entrée nord de son tunnel ne sera pas dépassée. Une dernière attaque est montée pour enlever le Cornillet. Des troupes fraîches appartenant aux divisions Joba, Ferradini, Aldebert, relèvent les divisions fatiguées par une lutte exceptionnellement dure. Le matin du 20 mai, la préparation d'artillerie commence et l'artillerie ennemie répond vigoureusement. Dans l'après-midi, un Allemand, puis, peu après, tout un détachement de soldats allemands, se rendent affolés, prétendant que le tunnel, envahi par les gaz, est intenable. C'était la vérité ; cette fois le tir a heureusement porté ; un obus de 400 a détruit la cheminée d'aération de la galerie Est; la garnison, presque tout entière asphyxiée, est annihilée ; le tunnel n'arrêtera plus l'attaque. Celle-ci part à 16 h. 30 dans un ordre parfait. Sous un feu de barrage d'artillerie et de mitrailleuses, le 1er zouaves escalade les 200 mètres qui le séparent de la crête en nettoyant le terrain et dévale les pentes nord profondément bouleversées, où les trous sont pleins de fantassins et de

Moronvilliers, au nord du massif des Monts. Les ruines du village en 1919.
A l'horizon, le Mont Haut.

SUR LE MONT HAUT, MITRAILLEUR EN POSITION D'ATTENTE.
L'arme est dissimulée sous des branches de sapin.

mitrailleurs ennemis ; dans la nuit, il finit par découvrir et déblayer les entrées du tunnel. Partout la ligne de crête est solidement tenue. L'ennemi laisse 937 hommes et 28 officiers prisonniers, des pertes considérables lui sont infligées ; dans le tunnel du Cornillet seul, on trouve plus de 600 cadavres.

Du 17 avril au 20 mai, plus de 6.000 hommes, 120 officiers, 52 canons, 103 mitrailleuses, 42 minenwerfer ont été capturés. Le massif des Monts, qui semblait imprenable, est pris ; la « Bataille de Géants », comme l'appela la *Frankfurter Zeitung*, est une victoire française.

L'ennemi ne se résigna pas facilement à la perte de la précieuse forteresse. Dès le 21 mai, il commence une série de contre-attaques qui se poursuivent les jours suivants, mais les troupes de la 4e Armée, dont le général Gouraud a repris le commandement, dépensent, à maintenir les positions, autant d'héroïsme et peut-être plus d'efforts que les troupes qui les avaient prises. Elles supporteront, sans faiblir, de terribles et incessants bombardements coupés d'attaques des troupes d'assaut allemandes. En juin notamment, pendant plus d'un mois, le 248e de ligne repoussa brillamment plusieurs assauts au Cornillet. En juillet, les Allemands attaquent à plusieurs reprises dans la région des Monts, notamment dans la soirée du 25, le 26 et le 27 où ils lancèrent jusqu'à 5 assauts successifs dans le même secteur, sans succès. En somme, la bataille se prolonge tout l'été ; non seulement les Français arrêtent tous les retours offensifs de l'ennemi, mais par une série d'actions locales, ils élargissent leurs positions.

De janvier 1918 à juillet 1918.

En 1918, jusqu'à la grande offensive allemande du 15 juillet, le front de Champagne est agité de coups de main ou d'attaques locales, montés de part et d'autre pour obtenir des rectifications de front, faire des prisonniers ou sonder les intentions de l'adversaire.

LES OBJECTIFS AMBITIEUX DU « FRIEDENSTURM ».

LE « FRIEDENSTURM »

Offensive allemande du 15 juillet 1918.

Par deux fois, en mars et en mai, les Allemands ont bousculé le front allié, en Picardie et sur le Chemin des Dames.

Pressés d'en finir et hypnotisés, comme en 1914, par Paris, qu'ils menacent à la fois par la vallée de l'Oise, au nord, par les vallées de l'Ourcq et de la Marne, à l'est, les Allemands décident une nouvelle offensive, plus formidable encore. C'est le « Friedensturm » ou Bataille pour la Paix.

Cette offensive est un moment capital de la guerre ; son échec fut pour les Allemands d'autant plus retentissant que sa conception et ses moyens avaient été plus grandioses et plus puissants. C'est la première phase de la défaite militaire allemande. L'attaque déborde le front de la Marne : elle s'étend, en effet, sur 90 kilomètres, de Château-Thierry à Massiges, au bord de l'Argonne.

Ludendorff projette, par une attaque frontale, de séparer les armées alliées du nord de celles de l'est en tournant, d'une part, Verdun par Sainte-Menehould et la vallée de l'Aisne supérieure, d'autre part, Reims et la Montagne de Reims par la vallée de la Marne.

Ce résultat obtenu, il se rabattra sur Paris. C'est le rêve de Von Moltke, caressé à nouveau quatre ans après la première bataille de la Marne *(croquis ci-dessus)*.

Entre Château-Thierry et Reims, son but est double. Il veut, d'une part, franchir la Marne et marcher au sud sur Montmirail et la vallée du Petit-Morin, et, d'autre part, longer la rivière vers l'est pour tomber sur Epernay. A l'est de Reims, il compte enfoncer le front français et faire tomber à la fois Reims et Verdun en les débordant.

Pour réaliser ce plan ambitieux, Ludendorff ramasse tous ses moyens dans un effort ultime. Pendant un mois, il concentre ses troupes d'attaque et ses batteries ; il accumule les dépôts de munitions jusqu'aux abords des premières lignes, rassemble un matériel de ponts formidable ; tous ces préparatifs se font de nuit et toutes les précautions minutieusement prévues pour dissimuler les mouvements sont strictement appliquées.

Le front allemand est tenu, de Sillery à Prunay, par une partie de l'ar-

Focn.

mée Von Mudra, et, de Prunay à Massiges, par l'armée Von Einem, du groupe d'armées du Kronprinz, soit 15 divisions en ligne et 10 en soutien, c'est-à-dire 170.000 hommes en 1re ligne et près de 120.000 en soutien.

Les divisions d'assaut ont été choisies parmi les meilleures de l'Allemagne.

Entre la Pompelle et la Suippe, trois groupements ont été engagés avec chacun trois divisions en 1re ligne. Ces groupements, par une conversion sud-ouest, devaient franchir la Vesle, atteindre la Marne, et se lier avec les troupes de la 1re Armée allemande attaquant à l'est de Dormans, vers Epernay. Les objectifs du premier jour étaient, pour la Champagne, à l'est de Reims : Châlons, Valmy et Sainte-Menehould. Il a été prévu qu'une division allemande atteindra Suippes à 12 heures et Châlons à 20 heures. L'intendance était prête à recenser le butin des villes conquises, des officiers montés devaient aller prendre possession des magasins de Châlons.

Cependant le Commandement français ne sera pas surpris. Au contraire, c'est lui qui va surprendre Ludendorff en opposant une parade inattendue à la tactique de rupture qui a déjà donné à ce dernier ses grands succès de mars à juin, mais dont le mécanisme est parfaitement connu.

« Le secret absolu des mouvements de troupes, c'est-à-dire la surprise, la soudaineté, la brutalité du coup porté, voilà ce qui caractérisait cette tactique, ce qui en avait fait le succès. Pour la déjouer, il fallait donc : d'abord et avant tout, être exactement, minutieusement renseigné sur les mouvements de l'adversaire ; imaginer un système de défense permettant aux troupes occupant le secteur attaqué de se soustraire aux coups portés. »

« Au commencement de juin, l'Etat-Major français a résolu à peu près ces deux problèmes. Il a su si bien perfectionner son service de renseignements qu'il est informé assez longtemps à l'avance des offensives qui se préparent ; il a, de plus, trouvé un moyen d'y résister. Ce moyen consiste à ramener la défense principale de la première ligne à la seconde, qui se trouve à une telle distance en arrière que l'artillerie ennemie ne puisse l'atteindre en même temps que la première. »

« L'assaut des Allemands, leur violent coup de massue doivent ainsi porter dans le vide. »

« On ne laissera désormais en première ligne que quelques éléments constitués par des troupes d'élite capables simplement de signaler et de retarder la marche de l'adversaire, de dissocier, en quelque sorte, son attaque. »

« Lorsque celui-ci, déjà éprouvé, fatigué, privé de l'appui de son artillerie, parviendra à la seconde ligne où se trouvera le gros des forces, il doit être, par elles, aisément arrêté. »

Ludendorff.

AVANT LE FRIEDENSTURM. — LE KRONPRINZ PASSANT SES TROUPES EN REVUE
A CHARLEVILLE.

« De plus, les contre-attaques sont tenues toutes prêtes à se déclencher
au moment voulu, dans le flanc de l'ennemi en marche ». (RECOULY : *La
bataille de Foch.)*

Essayée en petit devant Compiègne, le 9 juin, cette parade avait été
reconnue excellente. Mise au point et appliquée en grand le 15 juillet, elle
allait fonctionner parfaitement.

En Champagne, le haut Commandement français a prévu, en cas d'offensive ennemie, l'abandon des Monts de Champagne, si difficilement conquis
et celui des pentes sud de la ligne des buttes. Le repli devra se faire sur la
ligne intermédiaire entre les 1re et 2e positions, ligne qui longe l'ancienne
voie romaine. Dès les premiers jours de juillet, le général Gouraud *sait* qu'il
va être attaqué. Mais l'abandon de la première position et le déclenchement
du tir de contre-préparation offensive exigent qu'il soit prévenu, quelques
heures avant, *de la minute* où se donnera l'assaut.

Le 14 juillet, à 20 heures, un coup de main heureux du 4e corps, dans la
région des Monts, ramène 27 prisonniers qui donnent l'heure de la préparation d'artillerie : minuit, et celle de l'assaut : entre 4 et 5 heures du matin.
A 22 heures, le chef du 2e bureau de la 4e Armée communique ce renseigne-
ment précieux au général Gouraud. Aussitôt celui-ci signe les ordres d'opérations et commande le déclenchement du tir de contre-préparation. Puis,
le général se porte à l'observatoire du Sinaï, sur la Montagne de Reims, d'où
il embrassera bientôt l'horizon embrasé du front de son armée.

A minuit, un obus allemand de gros calibre éclate près de l'observatoire.
C'est le signal ; jamais obus ne fut mieux accueilli. Toute incertitude était
dissipée.

En face, le Kaiser, venu pour assister à la victoire, est aux côtés de
Ludendorff, dans l'observatoire du Blanc Mont, nord-ouest de Somme-Py.
Jamais son armée ne fut plus confiante dans le succès. Jamais échec ne sera
plus complet ; sur ce terrain de Champagne parsemé de cimetières, comme
une vaste nécropole à l'aspect funèbre et désolé, s'évanouiront les derniers
espoirs de l'Allemagne.

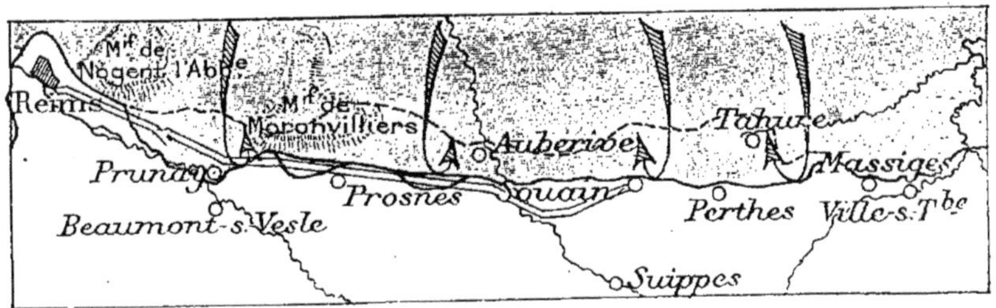

L'OFFENSIVE ALLEMANDE DU 15 JUILLET EN CHAMPAGNE.

La bataille.

L'armée Von Einem est massée dans ses parallèles de départ, quand, devançant, d'une heure, la préparation d'artillerie allemande, la contre-préparation française éclate à 11 heures du soir, le 14 juillet. Les canons, soudain déchaînés, arrosent d'explosifs les batteries et les troupes de deuxième ligne, d'obus à ypérite, les troupes de choc entassées dans les tranchées de départ.

Devancé, l'ennemi ne modifie pourtant pas ses plans ; à minuit, il commence une intense préparation d'artillerie, avec profusion d'obus toxiques, qui durera avec la même violence jusqu'à 4 h. 5 ; en cette nuit historique, l'horizon s'embrase de Château-Thierry à l'Argonne ; le roulement de ce double bombardement est si intense que de nombreux Parisiens l'entendent nettement et peuvent apercevoir vers l'Orient le reflet du « trommelfeuer ».

A 4 h. 45, l'infanterie allemande s'élance, et les détachements des avant-postes français, pourvus de T. S. F., de pigeons-voyageurs et de fusées, donnent le signal convenu et tirent sans répit de toutes leurs mitrailleuses. Grâce à leur héroïsme, le Commandement suivra l'avance de l'ennemi, pas à pas ; 50 colombogrammes lui parviendront. Quand l'ennemi eut submergé cette première ligne presque abandonnée, sur laquelle il avait déversé pendant quatre heures une prodigieuse quantité de projectiles, il rencontre les réduits de couverture disséminés sur le glacis ; ceux-ci tiennent héroïquement, quelques-uns jusqu'à la nuit ; les garnisons de certains d'entre eux, après s'être défendues, bien qu'entourées toute la journée, peuvent encore, dans la soirée, faire une trouée à la baïonnette et rentrer dans les lignes, certaines avec des prisonniers.

Au lieu d'avancer à raison d'un kilomètre à l'heure, comme il était prévu, l'ennemi met trois heures à parcourir le glacis ; il était si sûr d'une avance facile que ses divisions débouchent en formations denses, que son artillerie d'attaque, ignorante de l'arrêt des vagues d'assaut, traverse les Monts et se déploie sur leurs pentes sud ; un parc de munitions même s'installe à côté des batteries. Les deuxième et troisième vagues, lancées à l'heure convenue, sont obligées de marquer le pas derrière la première, très en retard sur l'horaire. Les troupes entassées, les batteries montées, les caissons et les parcs offrent aux feux de la défense d'incomparables cibles. Les divisions ennemies de deuxième ligne, clouées sur place, fondent, se disloquent ; beaucoup d'assaillants cherchent un abri dans les anciennes premières lignes, mais beaucoup ne ressortent pas des abris qui ont été ypérités avant leur abandon.

Les premières vagues, bien que fort décimées, continuent pourtant à progresser, elles ne sont plus couvertes par leur artillerie dont le barrage roulant, se conformant à l'horaire, les a beaucoup devancées. Entre 7 et 8 heures, les assaillants viennent se briser contre les vraies positions de combat soudain démasquées. C'est à peine si sur trois points, au sud de Prunay, au nord-ouest de Prosnes, elles sont légèrement entamées.

A gauche, le 4e corps, renforcé d'éléments de la 1re division polonaise, subit une pression très forte ; au sud de Prunay, il recule un moment jusqu'à Beaumont, mais refoule immédiatement l'ennemi ; au nord de Prosnes, la 124e D. I. tient brillamment tête à 3 divisions allemandes, dont 2 de la Garde.

Au centre, le 21e corps, renforcé par quelques bataillons de la 46e division de chasseurs et des éléments de la 42e D. I. américaine, tient victorieusement tête à 7 divisions allemandes. La gauche du 21e corps refoule jusqu'à 7 assauts successifs sans laisser aborder ses tranchées ; des pièces de 75 pla-

GÉNÉRAL MAISTRE.

cées en première ligne comme pièces antitanks, épuisent leurs munitions contre les colonnes d'assaut ; la plupart des tanks ennemis sautent sur des lignes de fougasses ; quelques colonnes ennemies, qui ont réussi à s'infiltrer le long de la Ain, sont rejetées par de rapides contre-attaques.

A droite, devant le front du 8e corps, l'effort allemand se heurte au réduit du Mesnil qu'il entame à peine.

A midi, comme le dit un général commandant un corps d'armée, « le Boche a la patte cassée ».

Le général Maistre, commandant le groupe des armées du Centre, est si certain du succès qu'il n'hésite pas, dès l'après-midi du 15 juillet, à diriger à l'ouest d'Epernay des éléments mobiles en réserve derrière la 4e Armée, qui, le lendemain, contribueront à l'arrêt de la poussée allemande sur la Marne.

Au soir du 15 juillet, les troupes françaises intactes ont, parfois à 1 contre 3, arrêté net l'ennemi, « là où le Chef l'avait voulu », sans perdre un seul canon, sans même que les réserves d'armée en deuxième ligne fussent intervenues. L'ennemi à bout de souffle, décontenancé, a subi d'énormes pertes ; si les Français ont perdu à peine 5.000 hommes, Von Einem en a sacrifié plus de 40.000 ; les Poméraniens, les Bavarois, la Garde ont été écrasés. La Garde elle-même, disloquée, a reculé ; elle fut si décimée et démoralisée que, pour la première fois peut-être, elle refusa de repartir à l'assaut. A 10 heures du matin, certains régiments allemands avaient perdu la moitié de leur effectif.

Le soir même, le général Gouraud, acclamé par ses troupes, leur adressait l'ordre du jour suivant :

GÉNÉRAL GOURAUD.

« *Soldats de la 4e Armée,*

« *Dans la journée du 15 juillet, vous avez brisé l'effort de 15 divisions allemandes appuyées par 10 autres.*

« *Elles devaient, d'après leurs ordres, atteindre la Marne dans la soirée. Vous les avez arrêtées net là où nous avons voulu livrer et gagner la bataille.*

« *Vous avez le droit d'être fiers, héroïques fantassins et mitrailleurs des avant-postes, qui avez signalé l'attaque et l'avez dissociée, aviateurs qui l'avez survolée, bataillons et batteries qui l'avez rompue, états-majors qui avez si minutieusement préparé ce champ de bataille.*

« *C'est un coup dur pour l'ennemi. C'est une belle journée pour la France.*

« *Je compte sur vous pour qu'il en soit toujours de même chaque fois qu'il osera vous attaquer, et de tout mon cœur de soldat je vous remercie.* »

Cet ordre du jour sonne la victoire et à juste titre. L'échec de Von Einem est absolu. Le 2 août, Ludendorff avouera à un correspondant de guerre que « *le plan de l'offensive allemande du 15 juillet n'a pas, cette fois, réussi au point de vue stratégique, qu'il lui faut rendre hommage au généralissime français.* »

Dès le soir du 15, l'offensive allemande est brisée. L'ennemi est si essoufflé qu'il est incapable de reprendre l'attaque générale. Le 16 et le 17 juillet, il se borne à ramasser ses efforts sur quelques points du vaste front et il essaie de monter quelques attaques locales vers Beaumont-sur-Vesle, au nord de Prosnes et à l'est de Tahure. Celles-ci sont si vite réprimées qu'elles n'arrivent pas à déboucher. Le 18, la Garde fait encore une tentative au nord de Prosnes, qui échoue. Le 19, c'est le général Gouraud qui prend l'initiative des opérations et commence à récupérer à la grenade le terrain librement évacué, faisant plus de 1.100 prisonniers, capturant 200 mitrailleuses et 7 canons.

Le 15 août, un banquet réunit, à Châlons, des délégations de 24 hommes de chacune des unités composant la 4e Armée. Le plus ancien général commandant de corps d'armée y lit la citation à l'ordre de l'armée du général Gouraud.

Dans une minute émouvante, après une clameur formidable de vivats et de bravos, le général Gouraud déclare: « *Cette citation me fait plaisir surtout parce qu'elle proclame que mes soldats m'aiment comme je les aime.* »

LE GÉNÉRAL GOURAUD
DEVANT LES DRAPEAUX DE LA 4ᵉ ARMÉE.

L'OFFENSIVE FRANÇAISE DE CHAMPAGNE
DU 26 SEPTEMBRE 1918.

L'offensive dans la bataille générale.

Le 26 septembre, la réduction des poches de Château-Thierry et d'Amiens destinée à rendre aux Alliés la possession de leurs grandes lignes de communications, a amélioré la situation générale du front allié.

L'ennemi, qui a dû abandonner presque tout le terrain conquis pendant ses offensives de 1918, est fatigué, désorganisé et dans l'incapacité d'exécuter une contre-offensive.

Réfugié dans des positions qu'il estime imprenables, il espère se soustraire à la bataille continuelle qui l'épuise.

L'arrêt de l'offensive alliée est pour lui son suprême espoir, mais Foch n'a pas l'intention de desserrer l'étreinte. Tenant l'adversaire à la gorge, il va, sans répit, continuer à l'assaillir.

« Pour cette bataille de France, trois grandes offensives sont préparées qui doivent s'emboîter les unes dans les autres : l'attaque franco-américaine, à la droite, du sud au nord, l'attaque britannique aidée des Français au centre (en direction générale Cambrai-Saint-Quentin, rupture de front de la ligne Hindenburg), l'attaque anglo-franco-belge dans les Flandres. Il suffit qu'une ou deux de ces attaques réussissent pour que Ludendorff soit perdu.

« On voit ainsi combien le plan de ce grand chef militaire (maréchal Foch) comporte d'intelligence et de souplesse. » (RECOULY : *La bataille de Foch.*)

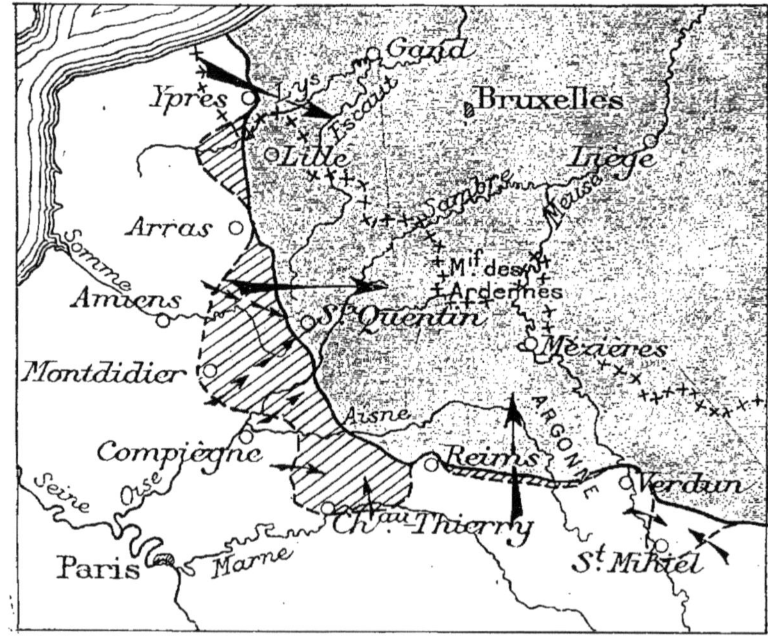

APRÈS LA RÉDUCTION DES POCHES DE MONTDIDIER ET DE CHATEAU-THIERRY. LES OFFENSIVES ALLIÉES CONVERGENTES VERS LE MASSIF DES ARDENNES (OCTOBRE-NOVEMBRE 1918).

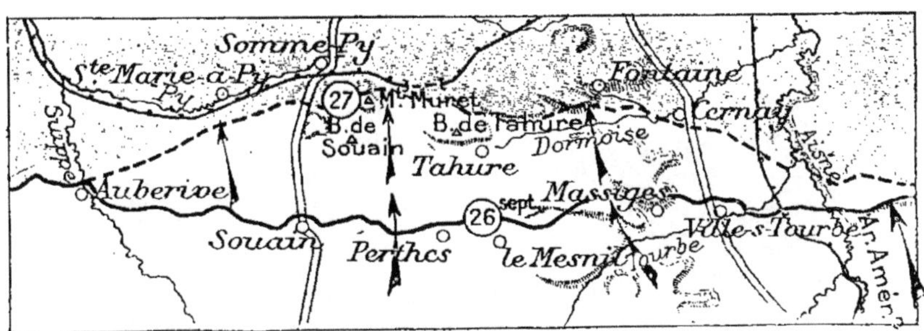

26 SEPTEMBRE 1918. — L'OFFENSIVE DE L'ARMÉE GOURAUD.

La bataille.

L'offensive en direction générale de Mézières est décidée pour le 26 septembre. L'armée Gouraud, avec les 9e, 2e, 11e, 14e, 38e et 21e corps en ligne et le 1er corps de cavalerie en réserve, doit attaquer d'Aubérive-sur-Suippe à Vienne-le-Château où elle se lie à l'armée américaine qui attaque en Argonne et en Woëvre, à cheval sur la Meuse.

Le front d'attaque est, pour les Allemands, d'une importance vitale, il constitue, en effet, le pivot de leur retraite sur la Meuse ardennaise ; ce pivot sautant, la manœuvre éventuelle menacée de flanc peut tourner au désastre. D'où la nécessité, pour l'ennemi, d'une résistance désespérée en Argonne et sur le front de Champagne.

Les armées Von Mudra et Von Einem, 15 divisions, tiennent le front de Reims à l'Argonne. Mais dès le premier jour d'attaque, Ludendorff, conscient du danger, y fera affluer ses meilleures divisions.

Entre Aubérive et Ville-sur-Tourbe, le front allemand était un des plus solides de Champagne. Entre Aubérive et Sainte-Marie-à-Py, au delà des anciennes premières lignes françaises évacuées le 15 juillet précédent sur une profondeur de 2 kilomètres, s'étend un réseau compliqué de tranchées perfectionnées, entremêlées d'une double ligne de centres de résistance. De Somme-Py à Ville-sur-Tourbe le réseau est plus resserré encore. A l'est de la butte de Tahure, la première position comprend au moins une dizaine de lignes de tranchées souvent bétonnées, avec réseaux extrêmement larges. Cette organisation s'appuie sur une ligne de défenses naturelles excellentes : la ligne des Buttes ; elle couvre la voie ferrée de Saint-Souplet à Challerange, protégée elle-même par une ligne de réduits de mitrailleuses. Au nord de cette voie ferrée, une deuxième position, aussi solidement, aussi minutieusement organisée, comporte de deux à quatre lignes de tranchées échelonnées de 200 à 200 mètres d'intervalle en profondeur, formant barrière ininterrompue du nord de Sainte-Marie-à-Py, Somme-Py, au sud de Monthois.

L'assaut.

Le front de l'attaque est à peu près le même que celui de septembre 1915. Le général Gouraud n'attaque pas de front le redoutable massif des Monts de Champagne, où l'ennemi attend l'assaut principal ; ce massif tombera par débordement à l'est et à l'ouest.

Le 26, après une préparation d'artillerie de six heures, la 4e Armée s'élance à l'assaut. Les Allemands, imitant la manœuvre française du 15 juillet, avaient évacué les premières positions en n'y laissant que des postes sacrifiés, mais cette manœuvre est éventée ; les assaillants, précédés de barrages roulants d'artillerie, franchissent d'un seul élan la zone de cou-

CHAR RENAULT, INCLINÉ A 48 DEGRÉS, FRANCHISSANT UNE TRANCHÉE.

verture et abordent rapidement la ligne des Buttes ; ils les tournent et les prennent de flanc sous le feu de leurs mitrailleuses. Là où les réseaux de fils de fer sont trop denses, les chars d'assaut leur frayent le passage. Avant midi, ils ont atteint partout leurs premiers objectifs après une avance de 2 à 5 kilomètres. Sur certains points, le deuxième objectif est entamé ; c'est ainsi que le 21e corps a progressé de 2 kilomètres au nord du Mont Muret jusqu'à la hauteur de Somme-Py, après avoir, avec l'aide de chars d'assaut, franchi 5 réseaux successifs de fils barbelés.

Dans l'après-midi, la voie ferrée de Challerange, à l'est de Somme-Py est franchie, les abords de Fontaine-en-Dormois, de Cernay-en-Dormois sont atteints, la butte de Tahure, après avoir été prise et reperdue trois fois, est occupée. En vain, entre Aubérive et Sainte-Marie-à-Py, les Allemands lancent contre-attaques sur contre-attaques pour découvrir le flanc gauche de l'offensive ; les troupes, dont la mission était de tenir coûte que coûte et de protéger l'avance du centre, font tête avec une admirable ténacité et arrête net la risposte allemande. Plus de 7.000 prisonniers, dont 200 officiers, des canons et un matériel énorme, sont le butin du premier jour de bataille.

Le 27, l'attaque est reprise.

Dans la région d'Aubérive, le 14e corps couvre l'armée à l'ouest. En liaison avec les Américains, le 38e corps progresse dans la vallée de l'Aisne.

VAGUES D'ASSAUT DU 21e CORPS PROGRESSANT VERS LA LIGNE DES BUTTES

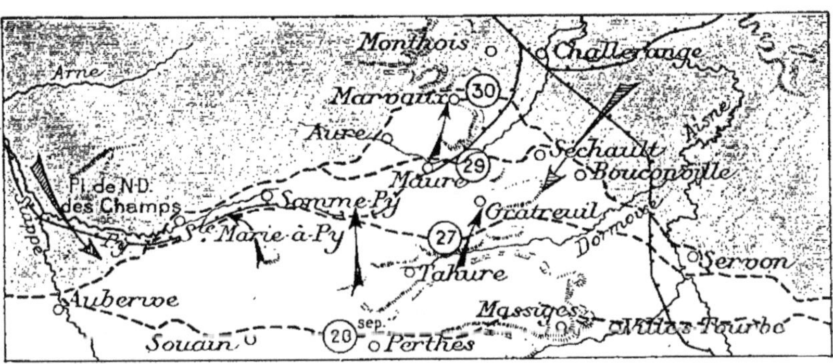

La progression de l'offensive de l'armée Gouraud (28-30 septembre).

Au centre, les quatre autres corps (9e, 11e, 21e, 2e) attaquent en direction du nord pour rompre le front ennemi.

Des divisions allemandes d'élite, appelées en hâte, contre-attaquent vigoureusement. Devant la Py, le 14e corps est arrêté par une résistance acharnée; le 11e corps, appuyé par de nombreux chars d'assaut, doit reprendre le terrain que les contre-attaques ennemies lui avaient enlevé. Au nord de Tahure, le 21e corps ne parvient qu'avec peine à franchir la voie ferrée de Challerange, le 2e corps enlève le plateau de Gratreuil au prix de difficultés inouïes. Dans des fourrés marécageux, le 38e corps avance lentement.

Le 28 est une journée décisive ; les Allemands jettent en ligne 10 divisions nouvelles ; à midi, ils lancent une contre-offensive sur le flanc droit de l'offensive dans la région de Bouconville et de Gratreuil. L'armée Gouraud se replie sous le choc, mais ne se laisse ni bousculer, ni enfoncer par cette contre-offensive, épuisée avant d'avoir réussi. D'autre part, à gauche, elle poursuit son avance, enlève Somme-Py et le village de Maure, au nord de la voie ferrée de Challerange.

Le 29, elle progresse sur tout le front, pénètre dans Sainte-Marie-à-Py, traverse le fond d'Aure, malgré l'inondation tendue par les Allemands. Par deux fois, des groupements de plus de 50 avions attaquent, dans les ravins de Marvaux, les réserves ennemies préparées pour la contre-attaque sur lesquelles ils tirent des milliers de cartouches de mitrailleuses et lancent 20 tonnes de projectiles. Plus à l'est, l'armée Gouraud déloge l'ennemi de Bouconville, entre dans Séchault et pousse à 2 kilomètres au nord. Depuis le 26, elle a progressé de 9 kilomètres en direction de Challerange.

Le 30, une contre-attaque allemande sur la gauche reprend un moment Sainte-Marie-à-Py. Mais bientôt la résistance ennemie est brisée et Sainte-Marie réoccupée ; au nord-est de Somme-Py, Aure et Marvaux sont enlevés, les abords immédiats de Monthois sont atteints. Bien plus, élargissant le champ de l'attaque, les assaillants emportent, après une lutte terrible au nord de Servon, sur la rive droite de l'Aisne, les redoutables positions d'infanterie et d'artillerie d'où l'ennemi lançait des contre-attaques dangereuses pour le flanc droit des assaillants. Au soir du 30, au cours des cinq jours d'offensive continuelle, 8.300 prisonniers, 300 canons avaient été capturés, mais les ailes de l'armée Gouraud se heurtaient à une défense irréductible; au centre, l'ennemi était accroché au massif de Notre-Dame-des-Champs qui commande toute la haute vallée de la Py. Mal étayée à sa droite par l'arrêt des Américains en Argonne, se heurtant à sa gauche à une résistance désespérée, l'offensive se ralentit quelques jours.

DANS LA VALLÉE DE LA DORMOISE, CONVOI ALLEMAND DÉTRUIT PAR UNE ESCADRILLE FRANÇAISE DE BOMBARDEMENT.

La reprise de la bataille. — La poursuite.

Au début d'octobre, pendant que les Allemands contre-attaquent avec des troupes fraîches sur la ligne Orfeuil, Monthois, Challerange, pour barrer aux Français la route de Vouziers, les troupes franco-américaines manœuvrent pour tourner les Monts de Champagne. L'axe de l'attaque s'oriente nord-ouest en direction des vallées de la Suippe et de l'Arne. Le terrain, accidenté et boisé, facilite la résistance ; celle-ci est acharnée, car une avance peut couper la retraite aux troupes ennemies qui tiennent les hauteurs à l'est de Reims et les Monts de Champagne.

Le 3 octobre, au nord de Sainte-Marie-à-Py, les 3e et 11e corps font enfin tomber le plateau de Notre-Dame-des-Champs et escaladent le Blanc Mont, l'observatoire où l'empereur Guillaume assista à l'effondrement de l'armée Von Einem. Les divisions américaines de la 4e Armée enlèvent les hauteurs d'Orfeuil. Le 21e corps progresse vers l'Arne. La manœuvre de Gouraud a pleinement réussi ; dès **le soir du 4,** l'ennemi, menacé d'être tourné sur sa

DANS LES ARDENNES EN OCTOBRE 1918.
Un train de munitions allemand, bombardé par des avions, a sauté, bouleversant la voie et anéantissant les échelons d'artillerie venus pour se ravitailler.

MITRAILLEURS ALLEMANDS TUÉS PRÈS DE LEURS PIÈCES, DEVANT LA VALLÉE DE LA
RETOURNE (NEUFLIZE), EN OCTOBRE 1918.
*Ces mitrailleurs constituaient les éléments principaux des arrière-gardes ennemies
chargées de ralentir la poursuite alliée.*

gauche, évacue précipitamment les Monts. Les troupes aussitôt le talonnent,
occupent successivement le Casque, le Téton, le Cornillet, le Mont Blond.

Le 5, sous l'action combinée de la 5e Armée qui, le 4, a franchi le canal
de l'Aisne, au nord-ouest de Reims, et menace Bermericourt, et de la 4e Armée qui mène la poursuite avec ardeur, la retraite ennemie s'étend sur un
front de 45 kilomètres de la Vesle à la Suippe. Reims est largement dégagé
et les formidables positions, sans cesse fortifiées depuis quatre ans, de Bri-
mont, de Nogent-l'Abbesse, de Berru, tombent.

Sans arrêt, même dans la nuit, les assaillants reconduisent vivement l'ennemi au nord des Monts. Plus à l'est, ils bordent l'Arne sur tout son cours.

Du 6 au 10, les Allemands multiplient les contre-attaques sur la rive sud
de la Suippe et sur l'Arne.

Le 11, épuisé par ses contre-attaques répétées, incapable de résister à

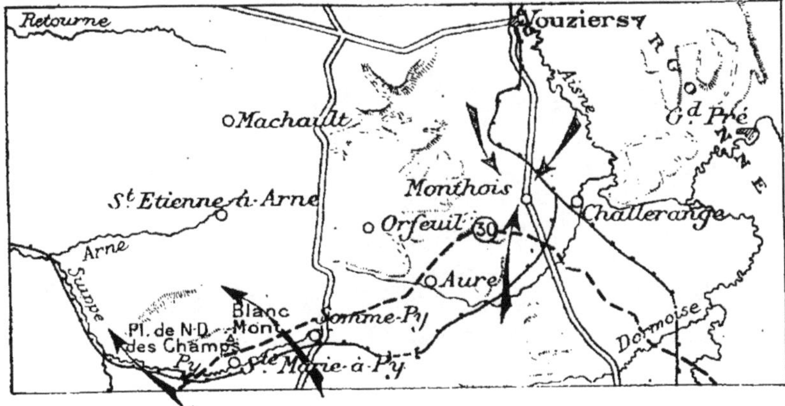

OCTOBRE 1918. LA REPRISE DE LA BATAILLE. — LA POURSUITE.

la poussée ininterrompue, l'ennemi est contraint de nouveau à la retraite sur un front de 60 kilomètres au nord de la Suippe et de l'Arne. Il abandonne sa première position au nord de la Suippe. La cavalerie française le talonne ; l'infanterie avance rapidement, de 10 kilomètres en certains points, en direction de la Retourne qu'elle atteint en deux endroits, et, plus à l'est, s'établit à 3 kilomètres sud-ouest de Vouziers.

Le 12, elle entre dans Vouziers, libère 36 localités nouvelles, prisonnières depuis 1914, pendant que la 5e Armée, à l'ouest, franchit la Retourne et parachève le dégagement de Reims et de la Champagne. La bataille de Champagne est terminée. Après dix-sept jours de combats incessants et très durs, l'ennemi, qui n'avait pu la battre lors de sa formidable offensive du 15 juillet, a été brillamment défait par la 4e Armée. Celle-ci, en novembre, poussant l'ennemi en retraite, entre, le 8, dans les faubourgs de Sedan, et, le 9, dans Mézières ; elle effacera « la tache qui, depuis quarante-huit ans, s'attachait à Sedan » et changera « ce souvenir de deuil en un nom de gloire. »

Le jour de la signature de l'armistice, qui consacre, le 11 novembre 1918, la défaite militaire de l'Allemagne, le général Gouraud adresse l'ordre du jour suivant à son armée :

« L'armistice est signé qui consacre la victoire de la France et de ses Alliés. Vous avez le droit de vous réjouir et d'être fiers, car votre part y est grande.

« Il y a quatre mois, l'ennemi, rempli d'orgueil et de confiance, attaquait avec 15 divisions d'élite pour cette grande offensive qu'il a appelée « l'offensive de la Paix », et qui, en faisant tomber Reims et Châlons, devait le mener à Paris. Le 15 juillet, vous avez brisé net sa force et ses espoirs, et, de ce jour-là la victoire a changé de camp. Elle nous est restée fidèle.

« Le 26 septembre, vous avez enlevé dans un élan magnifique ce terrible front de Champagne, avec ses buttes, ses abris bétonnés, ses 12 kilomètres de fils de fer. Jusqu'au 10 octobre, vous avez combattu, gagnant chaque jour du terrain, malgré les mitrailleuses, et obligé l'ennemi, épuisé, à battre en retraite, et, le 12, vous étiez au bord de l'Aisne, ayant, pendant ces dix-sept jours de bataille, délivré le sol de France sur une profondeur de plus de 30 kilomètres, libéré 80 villages, fait plus de 21.000 prisonniers, enlevé 600 canons, 2.000 minenwerfer et 3.500 mitrailleuses... »

Les Allemands avaient tendu des inondations au sud de la ville, en barrant l'Aisne et le canal des Ardennes.

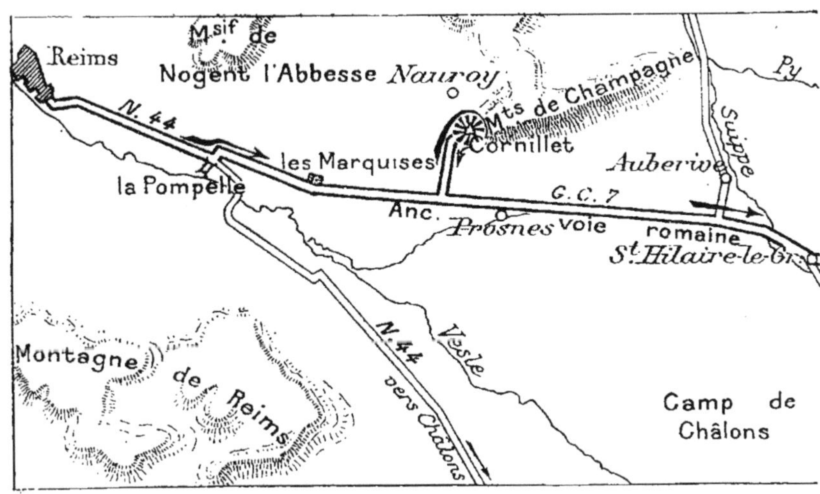

DE REIMS A STE-MENEHOULD
A TRAVERS
LES CHAMPS DE BATAILLE DE CHAMPAGNE

Sortir de **Reims** *par l'avenue de Châlons que continue la route nationale 44.*

PRÈS DE LA POMPELLE.
*Abri et passage souterrain sous la N. 44,
en mai 1917.*

De Reims à la Pompelle, l'itinéraire a été décrit dans le Guide : **Reims et le fort de la Pompelle.**

Au fort de la Pompelle, prendre à gauche le G. C. 7 qui suit l'ancienne chaussée romaine de Reims à Metz par Verdun. A 6 km. 300 de cette bifurcation, ruines de la FERME DES MARQUISES.

Les Marquises étaient, en 1914, une immense ferme modèle. De la villa il ne reste que le sous-sol ; les abords et le jardin ont été transformés en cimetière militaire. Après la bataille de la Marne (13-15 septembre), les Allemands en furent délogés, avec de lourdes pertes, par les coloniaux, les zouaves et les tirailleurs du 2e corps colonial. Ils se replièrent plus au nord dans les bois, où le front, fixé à la fin de 1914, ne changea guère jusqu'en 1918. Le 19 octobre 1915, les Allemands lancèrent des nappes épaisses de gaz asphyxiants entre la Pompelle et Prosnes et prononcèrent une forte attaque ; ils pénétrèrent dans les lignes françaises à

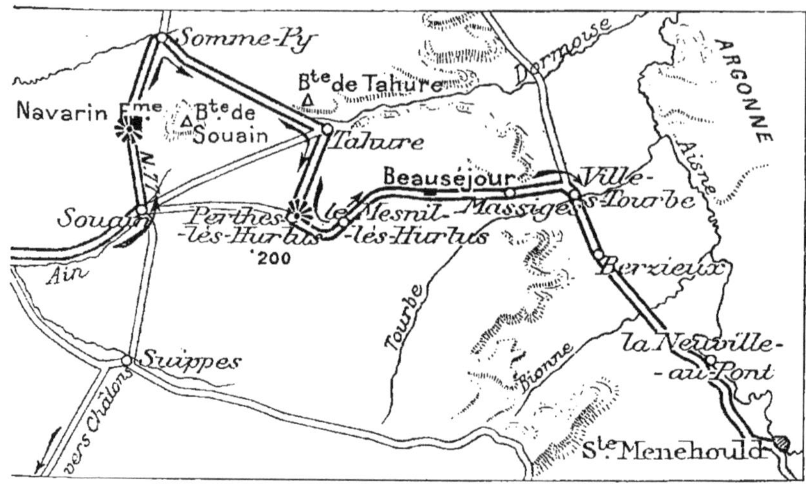

l'est et à l'ouest des Marquises, dont le secteur était gardé par le 248e de ligne ;
celui-ci tint bon et sa résistance permit d'efficaces contre-attaques. Dès la fin
de 1915, les travaux d'organisation commencèrent dans ce secteur, qui de-
vint bientôt admirablement aménagé. Pendant que la ferme et les villas voisines s'écroulaient sous les bombardements fréquents de l'ennemi, de profonds abris-cavernes furent creusés, sous la route même, pour les troupes
de deuxième ligne. Au 15 juillet 1918, les premières lignes, évacuées, furent
occupées par les Allemands, mais ceux-ci ne purent dépasser les Marquises.

*Continuer tout droit ; à 3 km. 400, tourner à gauche par la route de Nauroy ;
on approche de la crête blanche des pentes ouest du Cornillet. Arrêter la voiture à
la crête. Gagner à pied, à travers le champ d'entonnoirs, le sommet du* **Cornillet.**

LES MARQUISES EN 1917.

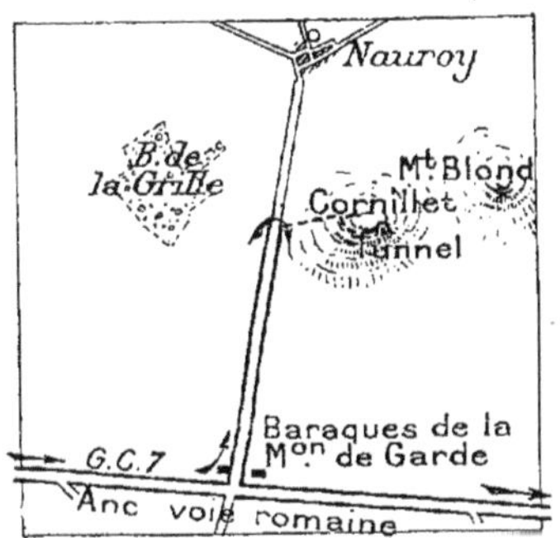

Au sommet du Cornillet.

Se plaçant face à la Montagne de Reims, la vue embrasse un tour d'horizon d'une désolation grandiose. La steppe, plantée autrefois de pins sylvestres alignés sur les pentes des Monts et jusqu'à la Vesle en longues bandes rectangulaires, est aujourd'hui pilonnée par les obus, ravagée par les mines, sillonnée en tous sens par les boyaux et tranchées.

La mince couche de terre végétale a presque disparu, laissant apparaître la craie d'un blanc éblouissant sous le soleil.

La voie romaine est marquée par quelques troncs d'arbres décharnés, et en face, par les baraquements de la Maison de garde.

La vallée de la Vesle barre, d'une bande verte, la plaine désolée.

Au delà, se dresse la falaise de la Montagne de Reims où sont accrochés des villages du vignoble champenois ; de droite à gauche : Verzenay et son moulin, Verzy au-dessus duquel était un des principaux observatoires

LES PENTES SUD DU CORNILLET EN OCTOBRE 1918.
Au premier plan, un minenwerfer.

de tout le front, le Sinaï, d'où l'on pouvait voir « la terre promise » au delà de la chaîne des Monts ; enfin, tout à gauche, où la falaise s'infléchit vers le sud est : Villers-Marmery.

En se tournant à gauche vers l'est, on embrasse la crête ondulée et blanche des monts de Champagne : Mont Blond, Mont Haut, Perthois ; à droite, au-dessus de la dépression de Beine, c'est le Massif de Nogent l'Abbesse.

Enfin, en plein nord, s'étend la plaine de Nauroy, barrée par la vallée de la Suippe avec son chapelet de villages.

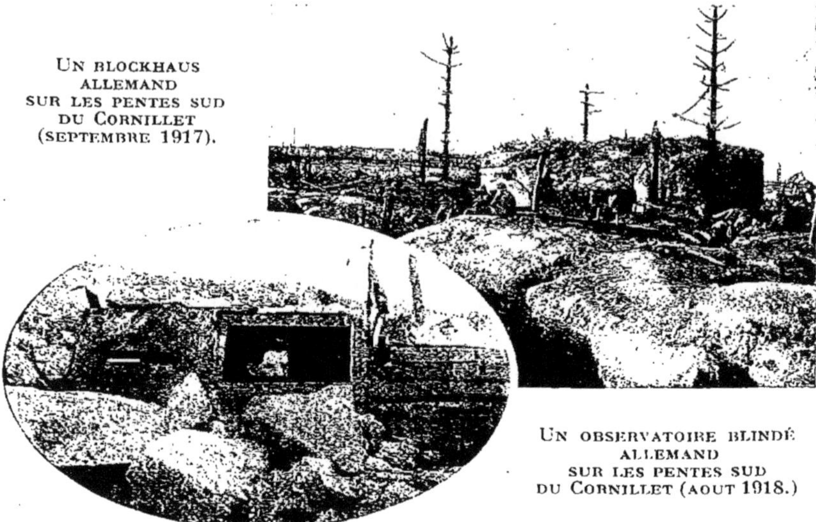

UN BLOCKHAUS
ALLEMAND
SUR LES PENTES SUD
DU CORNILLET
(SEPTEMBRE 1917).

UN OBSERVATOIRE BLINDÉ
ALLEMAND
SUR LES PENTES SUD
DU CORNILLET (AOUT 1918.)

A la conquête du Cornillet et du Mont Blond (17 avril 1917).

Le 17 avril, après un bombardement de sept jours, les 59e et 83e régiments de la division Lobit, grâce à l'obscurité et à la bourrasque, franchissent les deux lignes de tranchées ennemies partiellement détruites et passent au travers d'une zone de postes de mitrailleuses bétonnées, qu'un savant camouflage rend invisibles. Du même élan, ils parviennent, avec peu de pertes, jusqu'à la crête du Cornillet et du Mont Blond ; derrière les fantassins, une batterie attelée de 75 gravit, avec une belle audace, les pentes sud du Cornillet pour appuyer l'avance. A droite et à gauche, la progression des unités voisines a été moins rapide ; au bois de la Grille, à l'ouest, le 95e, violemment contre-attaqué de trois côtés, se cramponne en avant des tranchées conquises ; au centre, l'ennemi tient solidement la région du col, entre le Cornillet et le Mont Blond ; la situation, en pointe, des vainqueurs devient difficile. Les Allemands concentrent sur eux de terribles feux d'artillerie et de mitrailleuses et contre-attaquent sans répit. Le 83e, dont la plupart des officiers sont tués ou blessés, dont les compagnies sont fort éprouvées, et qui va manquer de munitions, se résigne, vers le soir, à évacuer la crête du Cornillet et à se replier sur la tranchée sud du Mont, que ne peut lui enlever une contre-attaque allemande de nuit. Il est relevé par le 88e.

Le 59e, plus heureux, se maintient sur le Mont Blond.

Le 19, les Allemands lancent, en vain, de nombreuses contre-attaques sur les positions tenues par les 88e et 59e régiments. Du 20 au 22, jour et nuit, on se bat farouchement autour du réduit sud-ouest du Cornillet.

Les 30 avril et 4 mai, des régiments bretons de la division Trouchaud montent de nouveau à l'assaut des crêtes du Cornillet et du Mont Blond. Au Cornillet, ils atteignent les défenses accessoires de la crête, mais sans pouvoir enlever le sommet du mont que des contre-attaques, sorties du tunnel, interdisent immédiatement. Au Mont Blond, le 4 mai, la crête est dépassée et solidement tenue ; ce jour-là, un signaleur ramène, à lui seul, 40 soldats et 3 officiers allemands, qu'il a forcés à sortir d'un abri.

Entrée sud du tunnel du Cornillet. — Unique vestige du tunnel.
Elle avait été aménagée par les Français après la conquête du Cornillet.
A l'horizon, le Mont Blond.

L'assaut victorieux.

Le 20 mai, enfin, le 1er zouaves enlève la crête et le réduit du Cornillet, dépasse le tunnel, en cerne les entrées et s'établit sur les pentes nord du mont, pendant que les tirailleurs et les zouaves de la division Joba l'appuient de chaque côté. La brillante opération du 1er zouaves, plus heureux que les régiments précédents, a été favorisée par une préparation d'artillerie qui a pu annihiler la garnison du tunnel. Quelques obus à gaz, bien placés aux entrées du souterrain, un obus de 400 qui a éboulé une cheminée d'aération et obstrué un carrefour, ont asphyxié et emmuré la garnison.

Ce tunnel était une vraie place forte ; il comprenait trois galeries parallèles, larges de 3 m. 50 à la base, hautes de 2 m. 30, reliées par deux galeries transversales creusées sous le sommet du mont ; chaque galerie pouvait abriter un bataillon, des postes de secours, des dépôts de munitions, des vivres pour dix jours, des postes de signalisation et de T. S. F.

Le 20 mai, la garnison comprenait 6 compagnies d'infanterie du 476e régiment allemand, 2 compagnies de mitrailleuses, 4 pelotons de pionniers, les Etats-Majors et liaisons de deux bataillons. Cette garnison, toute équipée et armée, se tenait prête pour la contre-attaque quand les gaz la surprirent : elle périt sur place ou devant les issues qu'obstruèrent ses propres cadavres. Quand, le lendemain de l'attaque, des détachements du 1er zouaves purent explorer les galeries, ils y trouvèrent plus de 600 morts. Les 21, 22 et 23 mai, de vifs retours offensifs ne purent déloger les Français des pentes nord. En juin, notamment le 9, de nouvelles contre-attaques échouèrent devant la tenace résistance du 248e de ligne.

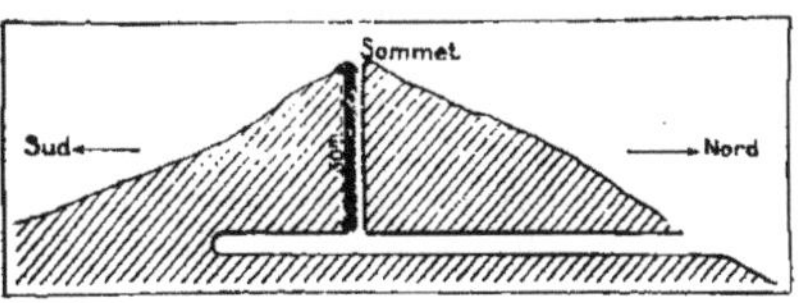

Le tunnel du Cornillet,
coupe longitudinale.

L'assaut allemand du 15 juillet 1918.

Dans le secteur du Cornillet, c'est le 124e R. I. (14e corps) qui est en ligne : un bataillon en 1re ligne, 2 bataillons plus en arrière à 2.500 mètres sur la ligne intermédiaire, position principale de résistance. C'est le dispositif de « grande alerte » prescrit par le haut Commandement à partir du 13 juillet.

Le 14 au soir, le bataillon en 1re ligne, laissant deux sections et des observateurs au Cornillet, va occuper, au sud des Monts, « la ligne des réduits » située hors de la portée des minenwerfer. A 23 h. 30, le tir français de contre-préparation offensive se déclanche. La Montagne de Reims est embrasée ; des batteries de tous calibres viennent seulement de se dévoiler. Les défenseurs attendent avec une confiance absolue le choc de l'ennemi.

A 0 h. 10, un roulement infernal se fait entendre derrière les Monts ; c'est la préparation allemande. La première position est pilonnée par obus de tous calibres et par gros minens. L'air est infecté par les gaz de ce double bombardement ; il faut garder constamment le masque.

Pendant toute la durée de la préparation, les deux observatoires du Cornillet ne cessent de renseigner le colonel du 124e sur la situation. L'un d'eux remplira sa mission jusqu'à 5 heures. La poignée de braves qui occupent la première ligne lancent des fusées éclairantes, donnant ainsi à l'ennemi l'impression d'une ligne fortement occupée.

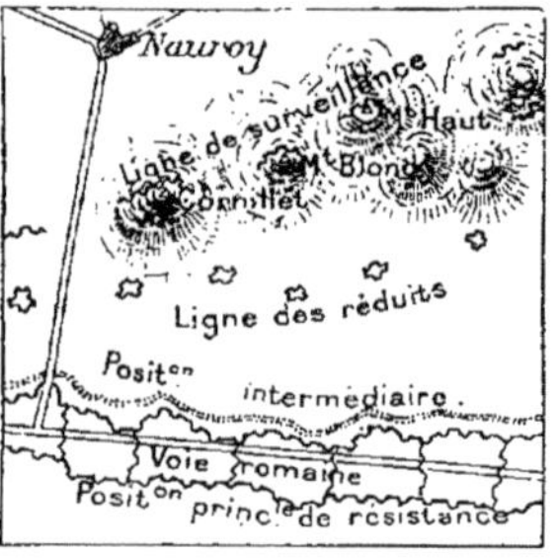

A 3 h. 30, une explosion formidable domine le bruit des éclatements ; le tunnel du Cornillet vient de sauter : les Allemands ne l'utiliseront plus.

En même temps, une fusée blanche à parachute s'élève dans la fumée, c'est le signal suprême. L'infanterie ennemie sort de ses tranchées et escalade les Monts. Précédée d'un puissant barrage roulant, elle s'élance à l'assaut des premières positions en grande partie abandonnées. Sa surprise doit être grande ; dans les abris déserts, elle ne trouvera plus que des gaz asphyxiants.

Vers 6 h. 15, les vagues d'assaut, ayant descendu les pentes sud du Cornillet, se présentent devant la ligne des réduits. Le bombardement intense a voilé la plaine d'un nuage de fumée et de poussière ; les officiers montent sur le parapet pour diriger le feu des mitrailleuses contre un ennemi 4 fois supérieur et décidé à passer. Les vagues d'assaillants, arrêtées net dans leur élan brutal, perdent de leur assurance, hésitent, fléchissent et finalement décollent du barrage qui continue à avancer, suivant l'horaire établi.

Après de violents combats allant jusqu'au corps à corps, débordées par le nombre et risquant d'être tournées, les unités du bataillon reçoivent l'ordre de se porter au sud de la position intermédiaire.

Le repli s'effectue en bon ordre et en combattant.

Des mises en batteries de mitrailleuses en terrain découvert et même des contre-attaques retardent la progression de l'ennemi.

Le bataillon de 1re ligne a superbement rempli sa mission ; grâce à sa résistance acharnée, les vagues allemandes se présentent sans cohésion devant la position intermédiaire, défendue par les deux autres bataillons du 124e. Les petites colonnes des réserves allemandes qui descendent les pentes sud du Cornillet sont prises sous les rafales de 75 qui tirent à vue et les massacrent. Dès que l'ennemi est aperçu, les fusils, les mitrailleuses crépitent, les grenades explosent.

Presque tous les combattants sont debout sur le parapet : certains s'élancent au-devant des groupes ennemis qui ont pu approcher des fils de fer.

PRÈS DE LA FERME DE MOSCOU, LE CIMETIÈRE DES CUISINES.
A l'horizon, la chaîne des Monts.

Dans les tranchées et boyaux, par lesquels les Allemands cherchent à s'infiltrer, des combats à la grenade s'engagent.

Partout l'ennemi est repoussé.

Un cheval d'officier allemand, échappé, arrive jusqu'aux réseaux, où il est tué. Un soldat va, sous la mitraille, chercher le harnachement et les papiers ; ils fournissent des renseignements précieux : une carte révèle les zones d'attaque des divisions et les objectifs pour le premier jour ; les Allemands doivent atteindre Châlons le soir du premier jour de l'offensive.

Parmi les observateurs de la petite garnison laissée sur le Cornillet, quelques survivants ont pu regagner les lignes en se faufilant à travers les vagues ennemies.

Dans cette glorieuse journée, le 124e R. I. a soutenu le choc de l'une des meilleures unités de l'armée allemande, la 3e Division de la Garde Prussienne.

Jusqu'au 20 juillet, faisant usage de liquides enflammés, l'ennemi tente en vain de nouveaux efforts. Il cherche à déborder le 124e par les ailes, en utilisant tranchées et boyaux. Encouragés par leur succès du 15, les hommes se battent avec entrain, les exploits héroïques sont nombreux. Un soldat qui combat toujours debout sur le parapet, a l'œil gauche crevé par un

L'ÉGLISE DE ST-HILAIRE EN 1915 ET EN 1918.

L'EMPLACEMENT DU MOULIN DE SOUAIN BOULEVERSÉ PAR LES MINES.
A gauche, ce qui reste de la charpente du moulin (octobre 1915).

éclat d'obus. Il va se faire panser et vient aussitôt reprendre son poste de combat. A son chef de section, qui lui ordonne de partir, il répond : « Je reste, un œil suffit pour tuer du Boche. »

Tant de vaillance triompha de la plus formidable ruée ennemie.

Revenir à la voiture, se diriger vers la VOIE ROMAINE, *que l'on continuera à suivre, à gauche, vers* **Saint-Hilaire-le-Grand.**

La position principale de résistance de l'armée Gouraud pendant l'offensive allemande longeait la route à une centaine de mètres en avant de celle-ci. De solides abris, creusés sous la route, abritèrent la garnison de cette ligne.

LA FERME DES WACQUES EN OCTOBRE 1915.

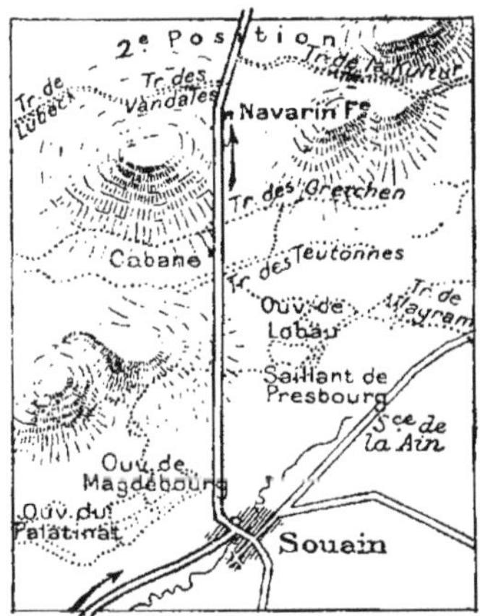

Les organisations ennemies entre Souain et Navarin, avant
l'offensive de septembre 1915.

On passe bientôt devant les ruines de
Prosnes, *d'où l'on découvre le déploie-*
ment des Monts de Champagne.

Continuer vers Saint-Hilaire, on passe
devant les ruines des fermes de Cons-
tantine *et de* Moscou *et le vaste* cimetière
des Cuisines.

Trois kilomètres au delà, à droite, la
route longe le camp de Châlons, à gauche
la vallée de la Suippe.

Arrivé à Saint-Hilaire, aussitôt après
les ruines de l'église, tourner à gauche
vers **Souain,** *par la route qui longe le*
ruisseau de la Ain, passe à la ferme des
Wacques *et au sud du* moulin de
Souain. *A gauche, sur une crête, une gi-*
gantesque croix de pierre d'un cimetière
français. La ligne de la Ain fut âprement
disputée après la bataille de la Marne. Le
15 septembre 1914, les troupes françaises
prennent et reprennent Souain trois fois.
Le 18, un vif combat à la baïonnette se
livre dans les rues : le 20, le village est enlevé avec 1.000 prisonniers. Dès
lors, la lutte ne cesse guère sur la Ain, autour de la ferme des Wacques,
du moulin de Souain et au nord de Souain. Tout l'hiver 1914-1915, la 60e D. I.
y soutient de nombreuses attaques allemandes qui se répètent jusqu'à cinq
fois dans la nuit du 18 au 19 décembre ; elle exécute plusieurs attaques
fort coûteuses. La lutte de mines bouleverse la région du moulin de
Souain et de terribles combats se livrent autour des entonnoirs de mines.

On traverse les ruines de **Souain.** *(Photos p.* 50.)

Prendre à gauche la route de Souain à Somme-Py, N. 77. (Croquis ci-dessus.)

De Souain aux ruines de la ferme Navarin, le touriste va suivre le trajet
parcouru par les troupes du général Marchand, le 25 septembre 1915.

Devant Souain, le long de la route de Somme-Py, pendant la bataille
du 25 septembre 1915.
Prisonniers et blessés s'acheminant vers l'arrière.

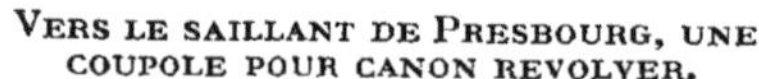

Vers le saillant de Presbourg, une
coupole pour canon revolver.

La tranchée de Wagram remplie
de cadavres allemands.

Le matin du 25 septembre, le
2ᵉ corps colonial Blondlat a sa 15ᵉ
division à l'ouest, sa 10ᵉ, division Marchand, à l'est de la route.

Le temps est gris et pluvieux. Un nuage de fumée noire et jaune rampe près du sol. Dans un vacarme assourdissant, les hommes contemplent joyeusement le bon travail de l'artillerie.

A 9 h. 15, des *Marseillaises* éclatent sur la ligne, des drapeaux se déploient, en avant ! La première vague s'élance, les hommes marchent alignés à deux pas, la baïonnette haute ; à 50 mètres de la première tranchée allemande à demi comblée, les baïonnettes s'abaissent, c'est la charge. De profonds abris ont permis aux défenseurs de supporter sans trop de mal le bombardement. Les Allemands sortent ; si les premiers sont cloués sur place, d'autres, plus loin, ont le temps de sauter sur leurs armes, les mitrailleuses crépitent, des grenades explosent, des mines préparées sautent ; une série d'actions locales s'engagent. Au bout d'une demi-heure de lutte, à droite de la route, la résistance est vaincue, la progression continue sans rencontrer de résistance.

A gauche de la route, des mitrailleuses arrêtent les assaillants, les pertes croissent. Sentant l'attaque faiblir, le général Marchand se jette en avant pour entraîner ses troupes. Il est presque aussitôt atteint d'une balle au ventre. L'élan est donné. Les « marsouins » dépassent la tranchée des Teutonnes et celle des Gretchen.

Les marsouins n'ont plus rien devant eux. Mais malheureusement le temps pluvieux a interdit toute observation aérienne, aucune liaison n'a pu être tenue avec l'artillerie d'accompagnement qui, ignorant la situation exacte de son infanterie, tire sur elle et l'oblige à se replier. Il est 11 heures. Les Allemands se ressaisissent, des renforts affluent pour boucher la trouée, garnissent la deuxième position et encerclent les quelques détachements de marsouins qui se sont aventurés vers la vallée de la Py. Dans ce secteur, la victoire a échappé. *(Voir photos pages 14-15.)*

Souain. — La rue du village pendant la bataille du 25 sept. 1915.

L'église en 1916. *La charpente du clocher et la cloche gisaient au bord de la route.*

Troupes de la 46ᵉ division américaine traversant Souain pour monter en lignes.

LA FERME
DE NAVARIN
(1920).

*Sa disparition
complète
témoigne
de l'âpreté
de la lutte dans
ce secteur.*

*A l'horizon,
la butte
de Souain.*

EN AVRIL
1918.

*La tranchée
qui traversait
la route N. 44,
à 40 m. au sud
de la ferme de
Navarin,
située alors
dans le
no man's land.*

Continuer sur la N. 77 jusqu'à l'emplacement de la **ferme de Navarin** dont il ne reste qu'un tumulus envahi par les herbes.

De la crête, 100 mètres plus loin, on embrasse un vaste panorama sur les champs de bataille de Champagne.

Au nord, c'est la vallée de la Py avec la voie ferrée de Challerange, et les hauteurs dominant cette vallée au nord, où courait la 3e position alle-

SUR LA CRÊTE DE LA N. 44, AU-DESSUS DE LA FERME DE NAVARIN, EN OCTOBRE 1918.
Travailleurs américains réparant la route que les Allemands avaient fait sauter.
Saucisse au-dessus de la vallée de la Py.
A l'horizon, le Blanc Mont, observatoire du Kaiser, le 15 juillet 1918.

L'ENTRÉE DE SOMME-PY EN OCTOBRE 1918. — LA VOIE FERRÉE A ÉTÉ ENLEVÉE
PAR LES ALLEMANDS.

mande ; au-dessus et à gauche de Somme-Py, c'est le Blanc Mont où le
Kaiser et Ludendorff assistèrent, le 15 juillet, à l'é-
crasement de leurs armées. A gauche, vers l'ouest,
se profile la crête blanche des Monts de Champagne. A droite, c'est la butte de Souain avec ses
sapins décharnés. Derrière, c'est la cuvette de
Souain, champ de bataille désolé avec ses landes
et ses petits bois bouleversés.

Continuer tout droit vers **Somme-Py**.

Ce village est né aux sources de la Py, sur un
plateau entouré presque complètement de bois.
Occupé par les Allemands, le 2 septembre 1914, le
village fut brûlé le jour même ; les marsouins·et les Allemands se battirent
dans les rues en flammes, pendant que la population s'abritait dans les caves.

L'ÉGLISE DE SOMME-PY (XIVe, XVe S.). — LES 3 NEFS VUES DU TRANSEPT SUD.

LE CIMETIÈRE DU MONT MURET.
A l'horizon, la butte de Souain et la position principale allemande en septembre 1918.

Les Français ayant dû se replier, les habitants s'enfuirent, mais quelques-uns d'entre eux, ainsi que des blessés, furent, comme l'atteste le carnet de route trouvé sur un soldat allemand, enfermés dans une grange et brûlés vifs. Le maire fut emmené comme otage par les Allemands.

Situé au carrefour de la route de Châlons à Mézières et de la voie ferrée Bazancourt-Challerange, Somme-Py fut une position importante que les Allemands fortifièrent puissamment.

Traverser la voie ferrée, tourner à droite, passer devant les ruines de l'église, tourner dans le premier chemin à droite, retraverser la voie, on rencontre bientôt la route de Tahure, que l'on suivra à gauche.

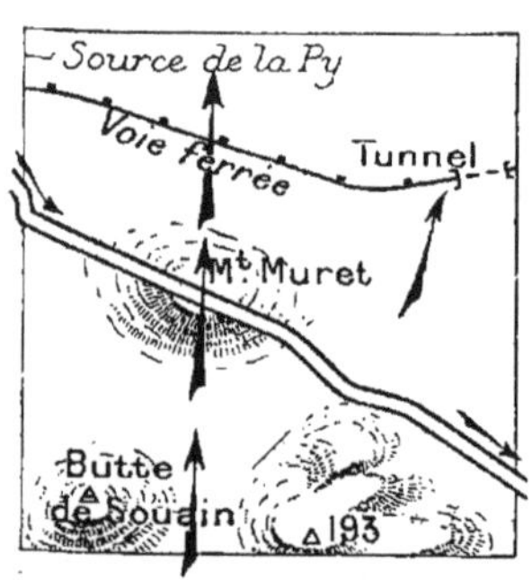

La route s'élève vers le Mont Muret. *S'arrêter sur la route au point culminant.* De ce point, vers le sud, le touriste embrasse tout le revers de la ligne des buttes où courait la deuxième position allemande ; de droite à gauche, butte de Souain, Cote 193 et, tout à gauche, butte de Tahure. C'est sur cette position que les Allemands eurent l'intention de résister à outrance, le 26 septembre 1918, après avoir abandonné leur première position, imitant ainsi l'heureuse tactique française du 15 juillet. La manœuvre fut éventée et sous le couvert d'un barrage serré, les assaillants, infanterie et artillerie, de la 4e Armée, se portent à distance d'assaut de la ligne principale de résistance.

Mais la tâche reste encore très dure. Il faut enlever des secteurs organisés de longue date. Le Mont Muret est l'objectif du 1er bataillon de chasseurs de la 43e division. Soutenus par des sections de chars Renault, les chasseurs, après avoir franchi cinq réseaux, submergent le Mont Muret. A leur tour, les chasseurs du 31e bataillon s'avancent rapidement dans le brouillard, suivant les longs boyaux pour conserver la direction, capturant

Tanks allemands sautés sur une ligne de fougasses au bord de la route de Tahure a Perthes.

des éléments de résistance et des mitrailleuses qui surgissent de leurs abris profonds. Malgré les rafales de mitrailleuses, les premières vagues de chasseurs atteignent, avant midi, la voie ferrée de la Py, capturant 230 prisonniers ; plus à droite, le tunnel est conquis. Dans l'après-midi, l'ennemi, renforcé, contre-attaque ; le lendemain 27, le bataillon repart à la conquête des formidables positions qui couvrent les hauteurs nord de la vallée de la Py. Les unités de tête, bientôt, sont plaquées au sol par les mitrailleuses. On fait appel aux chars ; à 9 heures, ceux-ci roulent, tanguent, détruisent ou terrifient les mitrailleurs ennemis. A toute allure, le 31e bataillon progresse, capture 240 prisonniers. L'avance alerte amène le bataillon sur un régiment de la Garde prussienne qui débarque de camions. Vivement abordés, les Grenadiers s'affolent et bientôt, de ces guerriers farouches, on ne voit plus que les dos immenses filant sous les pins rabougris. A 1 heure, le bataillon atteint son objectif. Le lendemain, la 13e division dépasse à son tour la 43e.

Continuer sur **Tahure**. Tahure, dont on a peine à deviner l'emplacement, était bâti dans la vallée étroite de la Dormoise, près de la source de ce ruisseau. Le village est dominé au nord par la butte de Tahure, au sud, par une croupe portant le fameux bois de la « Brosse à Dents ».

Tahure et la butte de Tahure étaient, en septembre 1915, une des clefs de la 2e position allemande. Des troupes bretonnes, normandes, vendéennes, de la 53e D. I. (Micheler), atteignent, le 25 septembre, les pentes sud de la butte et s'y maintiennent, bien que l'ennemi occupât encore le village et, au sud, les positions de la Brosse à Dents et du ravin de la Goutte qu'il renforce considérablement. Le 7 octobre, après une grosse préparation d'artillerie, des troupes de Picardie attaquent la butte. Pendant qu'elles l'enlèvent, des Bretons et des Vendéens s'emparent du bois de la Brosse à Dents.

La prise de la butte et de la crête de la Brosse à Dents facilite l'attaque de Tahure. Le village est abordé vivement, traversé jusqu'à 500 mètres en avant des lisières est. Les caves ont été transformées en abris de bombardement, mais la plupart des occupants ont fui sous le bombardement et devant l'attaque. Le jour même, l'ennemi exécute pendant vingt minutes, à partir de 17 heures, un furieux bombardement par obus de 210 et 150, avec gaz suffocants et lance une grosse contre-attaque qui subit un échec complet.

De Tahure, prendre à droite la route de
Perthes. Sur la première crête, à gauche de
la route, gisent, éventrés, plusieurs tanks
allemands qui ont sauté sur la ligne de mines
dont on retrouve facilement la trace par la succession de petites boîtes rectangulaires placées
à environ 3 mètres les unes des autres.

C'est sur les croupes qui s'élèvent à gauche
de la route que s'allongèrent les redoutables
positions allemandes qui flanquaient à l'ouest
la butte du Mesnil et que les assaillants, le
25 septembre, ne purent entamer ; à droite
s'étendent les bois hachés du Trou Bricot.

La route descend vers **Perthes-les-Hur-
lus ;** *avant d'entrer dans le village, tourner à droite vers la* **Cote 200** *qui domine la région (croquis p. 56).* Cette Cote, observatoire important, fut jusqu'en
décembre 1914 dans les lignes allemandes, époque à laquelle des troupes
du 17e corps (J.-B. Dumas) l'arrachèrent à l'ennemi. Tout l'hiver de 1914-
1915, la lutte de mines ne cessa pas dans ce secteur, qui ne fut plus
bientôt qu'un ensemble d'entonnoirs profonds. De cette Cote, on découvre,
au nord, l'ensemble de la première ligne allemande avant l'offensive de
septembre 1915. C'est, de gauche à droite, les rebords de la cuvette de

Souain, avec les pins
déchiquetés du bois
Sabot ; devant, le ter-
rain plat du Trou Bri-
cot ; enfin, vers l'est,
des croupes fortement
ondulées qui s'élèvent
vers la butte du Mesnil,
à droite. Le 15 juillet
1918, la position inter-
médiaire, en avant de
la Cote 200, devient la
position principale de
résistance où les trou-
pes de la 43e division
ont l'ordre de résister
jusqu'à la mort.

« Aux Entonnoirs »,
en avant de Perthes, le
31e bataillon occupe
cette position. Au petit
jour, à leurs emplace-
ments de combat, les
chasseurs attendent
l'ennemi ; à leurs pieds,
le ravin de Marmara
est noyé dans la fumée,
mais la crête en face
apparaît nettement.

Tout à coup, aux
éléments avancés, les
fusées jaillissent, les
mitrailleuses crépitent.
C'est l'ennemi dont on

Cote 200, Ouest de Perthes. — Un entonnoir
de mine organisé.

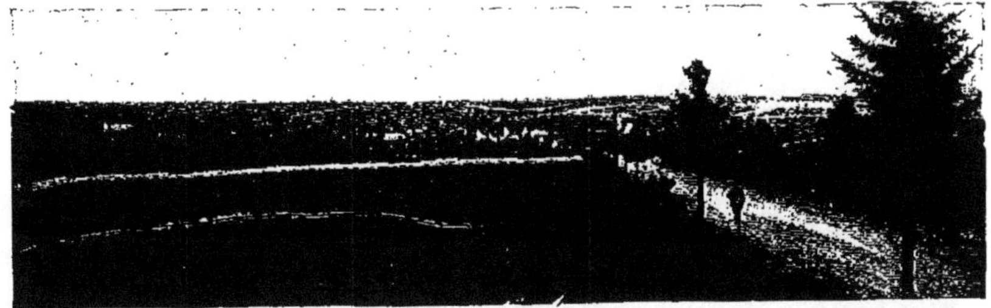

PERTHES-LES-HURLUS ET LA COTE 200 (AU-DESSUS DE LA ROUTE).
Vue prise de la route de Mesnil, près des ruines du moulin de Perthes.

suit ainsi la marche pas à pas. A 5 h. 30, sur la gauche du bataillon, derrière un barrage roulant d'obus de gros calibre, deux tanks surgissent à la crête, énormes et redoutables. Les vagues d'infanterie les suivent. Celles-ci sont fauchées par les mitrailleuses, et des éléments qui s'infiltrent, par les vieux boyaux, sont arrêtés par des barrages de grenades ; un des chars est en

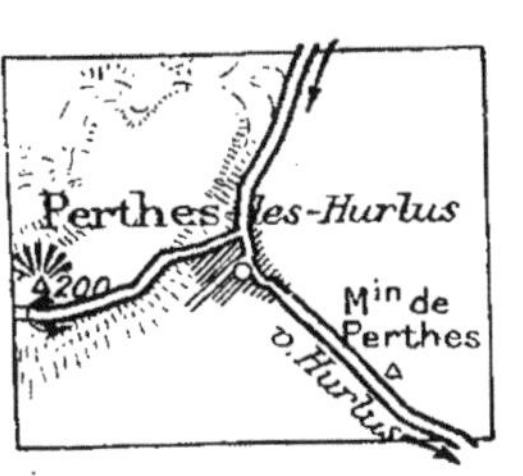

panne à la fourche du Trou Bricot et l'autre, atteint par une pièce antitanks, brûlera jusqu'à 10 heures dans une fumée pourpre, à la joie des chasseurs qui respirent plus librement. Sur la droite, l'attaque ennemie est également arrêtée. Mais la lutte n'est pas finie ; il y aura quelques heures d'une angoisse infinie.

Au centre du bataillon, un fort groupe ennemi force un boyau, fonce rapidement, dépasse la ligne de soutien derrière laquelle il fait sa jonction avec un autre groupe d'assaillants heureux, venus du secteur à droite du 31e, où ils ont enlevé le village de Perthes. A droite, les 1re et 3e compagnies du bataillon sont complètement encerclées. A gauche, des éléments, qui tiennent quand même, ont l'ennemi à dos à 1.200 mètres. Les Allemands ont capturé des défenseurs et croient à leur succès. Les compagnies encerclées demeurent enracinées au sol ; les

L'ÉGLISE DE MESNIL-LES-HURLUS EN OCTOBRE 1915.

La route du ravin de Marson pendant l'offensive de septembre 1915.

fractions de réserve contre-attaquent, tête baissée, rejettent l'ennemi sur
Perthes, puis rejoignent la 1re compagnie après avoir fait des prisonniers. La 3e, rompant alors le cercle qui l'étreint, aborde à son tour l'adversaire, nettoie le village de Perthes où elle capture des hommes et des
mitrailleuses. Enfin, les unités poussent devant elles des patrouilles auda-
cieuses, qui rétablissent partout la liaison et tirent des mains de l'ennemi
une vingtaine de défenseurs. A 15 heures, le danger est conjuré, la ligne
solide. Il reste 70 prisonniers, dont plusieurs officiers.

Faire demi-tour, se diriger sur **Perthes-les-Hurlus,** village qui a
presque complètement disparu. *Prendre la première route à gauche sur*

L'un des nombreux cimetières du ravin de Marson.

Hurlus, *puis* **le Mesnil-les-Hurlus ;** *la route monte et passe à gauche près du moulin de Perthes.*

Après avoir traversé le Mesnil, la route s'élève doucement; devant et légèrement à gauche, s'élève la COTE 196 *où s'illustra le 51e régiment d'infanterie.* Après sept jours de combats ininterrompus à l'escalade de pentes battues par le feu d'un ennemi embusqué dans les bois, le 51e bat la Garde prussienne et parvient même à s'ouvrir une brèche dans les positions ennemies. A l'horizon à gauche se profile la fameuse butte du Mesnil, creusée en tous sens, contre laquelle échouèrent les attaques du 20e corps, le 25 septembre 1915, et qui resta en saillant dans les lignes françaises jusqu'en septembre 1918.

La route s'engage dans la petite vallée du ruisseau de Marson; 800 mètres environ après la crête et le coude de la route, on dépasse les ruines de la FERME DE BEAUSÉJOUR.

Le fortin de Beauséjour était assez loin, à 1.500 mètres nord-est de la ferme, au sud-est de la butte du Mesnil. C'était, en réalité, sur une croupe entre deux ravins, un ensemble de tranchées échelonnées en profondeur, dont le saillant était défendu par un véritable petit fort, en arrière duquel deux lignes de tranchées, creusées sur les pentes de la croupe, permettaient des feux étagés et plongeants. De longs boyaux reliaient le fortin aux positions de l'arrière.

L'infanterie coloniale du 1er corps (Gouraud) dépensa, pour conquérir cette position, un héroïsme et une énergie inépuisables. Dès le 9 janvier 1915, le petit fort et quelques tranchées sont emportés ; dans la nuit du 9 au 10, l'ennemi contre-attaque en lignes de colonnes ; repoussé, il laisse de nombreux morts sur le terrain, des mitrailleuses, des projecteurs et une cinquantaine de prisonniers. Le 11, il revient à l'assaut, pénètre dans le fortin, qui lui est bientôt repris presque entièrement. Deux nouvelles tentatives allemandes, dans la nuit du 17 au 18 et le 18 au matin, cinq autres dans

EN OCTOBRE 1915, TROUPES DU 1er CORPS COLONIAL AU REPOS DANS LES CAGNAS ÉDIFIÉES LE LONG DE LA ROUTE DU RAVIN DE MARSON.

LE FORTIN DE BEAUSÉJOUR APRÈS LES COMBATS DE 1915.

la nuit du 18 au 19, échouent complètement. Le 23 février, ce sont les marsouins du 22e R. I. qui attaquent et prennent la première ligne de tranchées ennemies. A peine installés dans leur conquête, les marsouins doivent se défendre contre des retours furieux de l'ennemi ; à six reprises dans la journée, une septième fois à minuit, celui-ci contre-attaque à coups de bombes et de grenades, mais sans succès. Le 24, une nouvelle et massive contre-attaque allemande est lancée ; les grenadiers ennemis ont été préalablement enivrés et se précipitent en hurlant. Les marsouins reçoivent bravement l'avalanche. Le sous-lieutenant Cazau fait barrer le boyau, place quelques hommes résolus à un barrage, sort du boyau et charge à découvert avec une section. Abattu par une balle, il se fait mettre face à l'ennemi et entonne le chant «Mourir pour la Patrie, c'est le sort le plus beau...»

Dans le boyau, la poussée des grenadiers allemands s'accroît, le barrage va céder. La section du sous-lieutenant Cazau se replie alors en emportant le blessé, qui ne parle plus et qu'on croit mort. Dans le boyau, un marsouin, le soldat Jouy, seul, tient tête aux Allemands ; successivement, il en abat six à coups de fusil, en tue un septième dans une lutte corps à corps, bien qu'il ait un coup de baïonnette dans le bras, blesse grièvement un officier ennemi, qui lui a lancé un coup de sabre, et se replie lentement en combattant, sur le petit fort. Par ailleurs, les marsouins, débordés et décimés, se replient aussi ; 4 compagnies ont héroïquement tenu tête, pendant quinze heures, à un contre deux ou trois, et soutenu six furieuses attaques sans laisser un seul homme à l'ennemi.

Le 27 février, les marsouins prennent leur revanche, deux de leurs bataillons réattaquent ; pendant que l'un s'empare d'une des tranchées du saillant et tue les occupants à la baïonnette, l'autre, en dépit de ses pertes, enlève la tranchée de deuxième ligne et un élément de la tranchée de troisième ligne. Dès le soir, quatre contre-attaques allemandes se produisent et échouent après s'être fait décimer. Dans la nuit, une compagnie d'infanterie contre-attaque pour contenir l'ennemi et soulager les marsouins occupés à organiser les positions. Mais ceux-ci s'élancent avec les fantassins, la pelle ou la pioche à la main, l'ennemi se replie. Le 28, par un furieux et prolongé bombardement d'obus de 105, de 150 et de 210, l'ennemi cherche à écraser les marsouins ou à les faire se replier. Il a compté sans leur ténacité ; ils résistent ; à la nuit, le bombardement s'arrête et les Allemands n'osent plus contre-attaquer ; le fortin est bien aux marsouins. Toutefois, les Allemands ne se résignèrent jamais à sa perte ; le 23 avril, l'attaque du saillant nord est précédée de l'explosion de cinq fourneaux de mines devant les tranchées, mais les Français, devançant l'ennemi, occupent aussitôt les entonnoirs. Après l'offensive de septembre 1915, l'activité se maintint encore pendant quelque temps dans ce secteur, mais la lutte n'y fut plus jamais aussi furieuse.

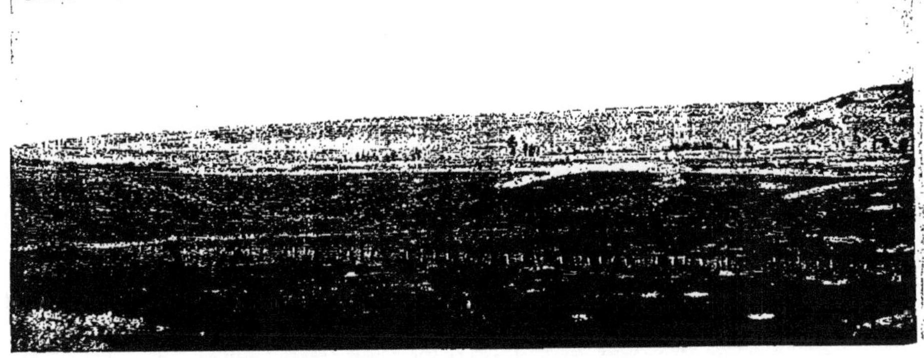

LE PLATEAU DE LA MAIN DE MASSIGES

Continuer vers **Massiges.** Le long des escarpements nord qui dominent la route, on voit encore de nombreux abris français. 300 *mètres avant d'arriver à Massiges, on découvre, à gauche, la* MAIN DE MASSIGES.

La Main de Massiges, sorte de promontoire, dont les flancs ouest, escarpés et dentelés, dominent le ruisseau de l'Etang, se dresse à l'horizon du nord-ouest au sud-est. Au nord, ce promontoire est commandé par la ferme Chausson et le Mont Têtu; au sud-est, par la Cote 191; au nord-est, par le mamelon isolé de la Justice ou Cote 155. Ces découpures dessinent, au sud-ouest, les trois doigts d'une main, d'où le nom de Main de Massiges que lui donnèrent les marsouins. A l'ouest, les doigts de la Main s'appelaient l'annulaire, le médius et l'index; au nord du Mont Têtu, c'est la crête boisée de la Chenille ; au sommet du plateau, une carrière d'ouverture circulaire était le Cratère.

Au 25 septembre 1915, l'infanterie coloniale du 1er corps fut chargée d'enlever cette position formidable, farcie de fortins, de larges réseaux de fils barbelés, sillonnée de tranchées et de boyaux profonds, devant laquelle de sanglants combats s'étaient déjà déroulés au cours du printemps précédent. Les Allemands s'y croyaient inexpugnables. « Avec deux laveuses et deux mitrailleuses on tiendrait 191 », disaient-ils. Dès le 25 septembre, le premier assaut des marsouins (3e et 23e, 4e et 24e régiments) les mène au sommet de la Cote 191, au bord du Cratère et sur les Doigts de la Main.

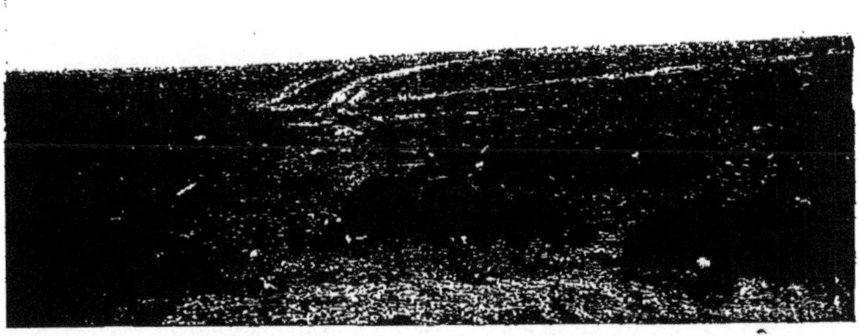

Au lendemain de l'offensive du 25 septembre 1915, cadavres de chevaux du 5e hussards qui avait chargé au nord du ravin de l'Etang.

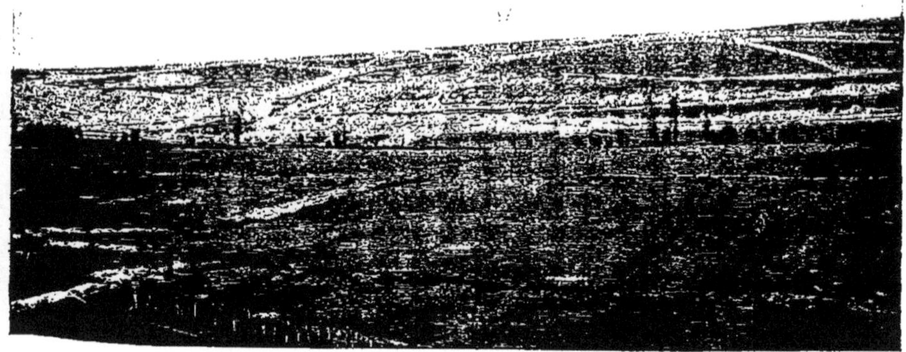

Une mitrailleuse, qui a échappé à l'écrasement, gêne la progression sur l'annulaire, et les Allemands peuvent se maintenir dans les tranchées qui coupent le sommet du plateau. L'ennemi contre-attaque violemment dans la région du Cratère ; le général commandant la brigade qui a pris le Cratère charge à la tête de ses troupes pour maintenir sa conquête.

La bataille se prolonge jusqu'au 8 octobre ; pas à pas, à la grenade, soutenus par les tirs de destruction et les barrages, les marsouins, après des prodiges d'héroïsme et d'endurance, parviennent aux pentes de la Chenille, de la Justice, nettoient le plateau et prennent d'assaut le Cratère où, parmi des tas de morts, ils font encore prisonniers 353 hommes, 29 sous-officiers et 5 officiers survivants. Démoralisés, encerclés dans des boyaux intermédiaires, les défenseurs, arrivés en renfort et choisis parmi les meilleures troupes de l'armée du Kronprinz,

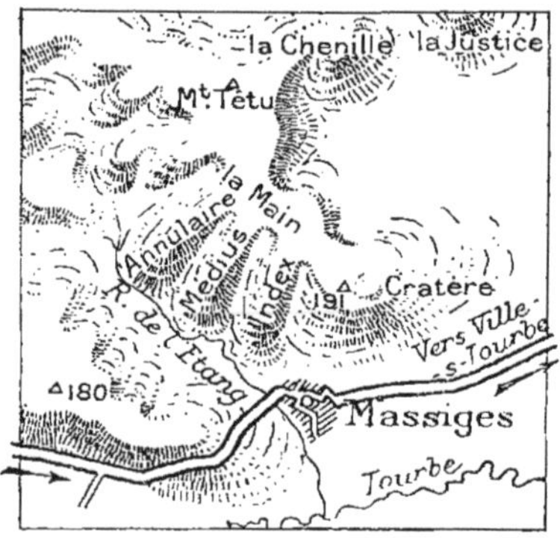

LE CIMETIÈRE AU BAS DES PENTES DE LA MAIN DE MASSIGES.

lèvent les mains, s'acheminent par petits paquets vers les lignes françaises. Un officier prussien s'en prend à ses hommes : « Je ne peux plus les faire marcher qu'à la trique ou qu'au revolver. » Les marsouins poursuivent le combat avec une ardeur joyeuse. « Je ne trouve pas d'hommes pour conduire les prisonniers, dit un chef de corps, ils veulent tous rester là-haut. » Le 30 septembre, le 1er corps colonial a brillamment battu le XVIe corps allemand, un des meilleurs corps ennemis, que comptait la division de fer de Metz. De novembre 1915 à 1918, les Allemands ne cessent jamais, par des attaques locales, de disputer aux Français cette conquête.

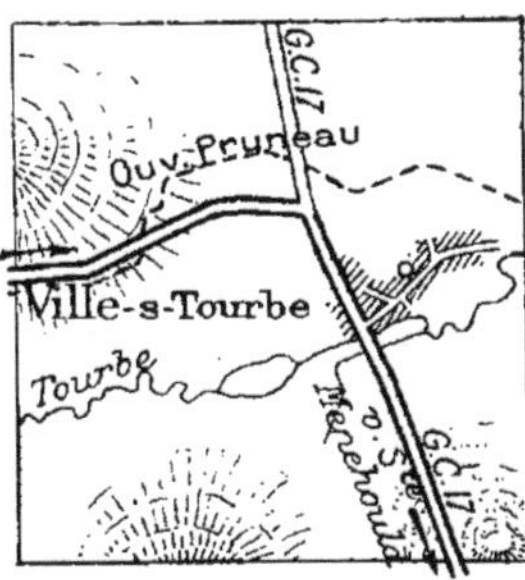

Le 15 juillet 1918, la Main de Massiges, tenue par le 8e corps, tient si bien que l'ennemi, après deux attaques, semble s'effondrer devant elle. Le 26 septembre 1918, du premier coup, le 2e corps s'empare du Mont Têtu, de la ferme Chausson et du signal de la Justice.

Traverser le village de Massiges, se diriger vers le G. C. 17 par le G. C. 12.

Pendant l'hiver 1914-1915, les lignes françaises suivaient le chemin parcouru et formaient aux abords du G. C. 17, à 800 mètres au nord de Ville-sur-Tourbe, un saillant appelé l'ouvrage Pruneau.

Le 15 mai 1915, un bataillon du 7e régiment colonial est dans l'ouvrage Pruneau. A 18 h. 30, trois explosions formidables ébranlent le sol, trois immenses colonnes de terre et de fumée montant dans le ciel s'élèvent de l'ouvrage Pruneau. L'Allemand a fait jouer trois fourneaux de mines. Près de deux compagnies sont englouties. L'ennemi déclenche immédiatement un barrage roulant que suivent ses colonnes d'infanterie qui attaquent. Les trois

VILLE-SUR-TOURBE.
LA
RUE PRINCIPALE
DU VILLAGE
AVANT LA GUERRE.

VILLE-SUR-TOURBE EN 1916.
Au dernier plan, les ruines du clocher.

sections de première ligne, déjà éprouvées par les explosions, vont les recevoir. Pendant un bon moment, elles les tiennent en respect. Mais l'Allemand les enveloppe. Il faut se reporter en arrière. Pendant toute la durée de l'affaire, ces trois sections vont être en première ligne. Elles subiront tous les assauts allemands, elles contre-attaqueront à plusieurs reprises et réoccuperont la tranchée de première ligne. Le barrage roulant ennemi avance toujours, suivi par l'ennemi qui profite du désarroi causé par l'explosion des mines. Il vise la Tourbe. Les marsouins, se ressaisissant, arrêtent l'ennemi à la route de Ville-sur-Tourbe - Massiges.

Le 16 mai, une contre-attaque à la grenade, menée sur les flancs de l'ennemi, mène à la première ligne. On ferme le cercle et plus de 400 Allemands valides restent prisonniers. Les pertes ennemies sont évaluées à 1.500 hommes : effectif double de celui engagé par le 7e régiment colonial.

Arrivé au G. C. 17, continuer à droite ; traverser **Ville-sur-Tourbe**, *et continuer par* **Berzieux, La Neuville-au-Pont,** *où l'on remarquera la curieuse église. On entre dans* **Ste-Menehould** *par la rue de la Rochelle.*

L'ÉGLISE DE LA
NEUVILLE-AU-PONT.
Le petit portail et la face nord de l'église atteints par un obus allemand de gros calibre (1916).

L'ÉGLISE DE LA NEUVILLE-AU-PONT.

INDEX ALPHABÉTIQUE

Un « Cuistot » au cantonnement.

Imp. Cussac, Paris.

La Roue Michelin

**se démonte toujours facilement
quand on veut la changer
et ne se démonte jamais, toute seule
quand on roule.**

A ces qualités essentielles, elle ajoute :

la robustesse :
>   nul choc ne peut la briser ;

l'élégance :
>   vous la voyez sur les plus chic voitures ;

l'économie :
>   son pneu qu'elle refroidit dure plus longtemps ;

le bon marché :
>   elle est la moins chère.

**Vous l'exigerez sur la prochaine voiture
que vous achèterez.
Quant à votre voiture actuelle....**

Vous demanderez à votre garagiste habituel

comment il peut,

en quelques heures, à peu de frais,

équiper votre voiture en

ROUES MICHELIN

PHOTOS ET FILMS DE GUERRE
des Collections de la Section photographique et cinématographique de l'Armée.

PHOTOS DES MONUMENTS HISTORIQUES
COLLECTION DE CHATEAUX, ÉGLISES, MONUMENTS ANTIQUES,
MEUBLES ANCIENS, OBJETS D'ART, TAPISSERIES, VITRAUX, ETC.

**Tous ces documents appartiennent
au Ministère de l'Instruction publique et des Beaux-Arts**
(Service photographique et cinématographique des Beaux-Arts)
et sont mis en vente à Paris : 1ᵇⁱˢ, rue de Valois.

*D'importantes remises sont faites aux auteurs, conférenciers,
administrations, revendeurs, etc.*

LE TOURISME EN FRANCE

OFFICE NATIONAL DU TOURISME
17, Rue de Surène, Paris-VIIIe

L'Office National du Tourisme, organisme officiel, a été créé par la loi du 6 avril 1910 et réorganisé en 1917.

Il coordonne les efforts des groupements et industries touristiques, les encourage dans l'exécution de leur programme, provoque toutes les initiatives administratives et législatives en vue d'améliorer le tourisme en France, favorise les relations entre les administrations publiques, les Compagnies de transports, les S. I., les Syndicats professionnels.

Il provoque la création de bureaux de renseignements en France et à l'étranger, et organise la propagande en vue de faire connaître à tous, les beautés de la France, la valeur curative de ses eaux thermales, de ses stations climatiques et balnéaires.

L'O. N. T. est l'organisme destiné à réaliser l'union sacrée et permanente de toutes les forces du Tourisme.

TOURING-CLUB DE FRANCE
65, Avenue de la Grande-Armée, Paris-XVIe

Le Touring-Club de France (fondé en 1890) est aujourd'hui la plus grande association de tourisme. Son but est de faire connaître la France aux Français et aux Etrangers et de chercher à développer le Tourisme sous toutes ses formes.

Tout membre (cotisation annuelle de 6 francs pour les Français et de 10 francs pour les étrangers) reçoit gratuitement une carte d'identité et le service régulier de la revue mensuelle. Il bénéficie des remises consenties dans un grand nombre d'hôtels affiliés, sur les guides et cartes, des annonces dans la revue pour les objets de tourisme, des renseignements, conseils sur toutes questions intéressant le tourisme.

Il a libre passage aux frontières pour sa bicyclette et motocyclette et pour son automobile, par la délivrance d'un « triptyque ».

9 782329 202594